U0898679

3分钟打动人心的销售口才

刘瑞军◎编著

CFP 中国电影出版社

图书在版编目（CIP）数据

3分钟打动人心的销售口才 / 刘瑞军编著 . -- 北京：中国电影出版社，2017.2（2018.8 重印）

ISBN 978-7-106-04642-2

Ⅰ . ① 3… Ⅱ . ①刘… Ⅲ . ①销售—口才学 Ⅳ . ① F713.3 ② H019

中国版本图书馆 CIP 数据核字 (2016) 第 319801 号

责任编辑：纵华跃
封面设计：元明设计
版式设计：别有天地
责任校对：蔡　践
责任印制：庞敬峰

3分钟打动人心的销售口才
刘瑞军　编著

出版发行：中国电影出版社（北京北三环东路 22 号）邮编 100013
电话：64296664（总编室）　64216278（发行部）
E-mail：cfpygb@126.com
经　　销：新华书店
印　　刷：三河市嵩川印刷有限公司
版　　次：2017 年 2 月第 1 版　2018 年 8 月北京第 4 次印刷
规　　格：开本 / 710×1000 毫米　1/16
印张 / 15　　字数 / 238 千字

书　　号：ISBN 978-7-106-04642-2 / F・0030
定　　价：32.80 元

前言

Preface

借用扎西拉姆·多多的一首诗：

你说，或者不说

客户就在那里

他听，或者不听

你说的好，或者不好

客户会听到

听到心里，或随风飘散

你用心说，或者不用心

客户会辨别

打动他，靠近你，或转身离去

在即将与客户见面时，你是否会感到紧张？

面对陌生客户，你是否总觉得对方在排斥你？

在与客户沟通时，你是否会偶尔语无伦次？

在客户提出一些尖锐问题时，你是不是经常不知道如何回答？

……

其实，所有这一切的问题，都是销售口才的问题，掌握了销售口才，所有这些问题将会迎刃而解。

事实上，我是一个不善于沟通的人，对于一些说话“套路”更是不懂把握，甚至有时候可能会被人们称为“傻子”。但是，却有很多人都愿意和我交流，甚至一些见面不久的朋友也愿意和我进行内心的沟通，为什么呢?

总结之后，我发现，虽然我不懂很多华丽的词汇，妙趣横生的语言，但是我能够把握一些沟通技巧，能够在一些平凡的语言中让对方觉得“嗯，你是一个可交之人”。回到销售行业思路上，其实也是如此，与客户沟通，最重要的是打动客户，客户愿意为你打开心门，走进客户的内心。做到了这一点，关于销售的任何问题都将不是问题。

经常会听到身边的朋友抱怨说：“某某不好接触，说话让人接受不了”“某客户不好沟通，总是挑毛病”“那个客户太扯了，总是问一些不着边际的问题”。的确，世界之大，每个人所处的环境、所接受教育方式不同，使得每个人的说话方式、看待事物的观点、性格、脾性都有所不同，不同性格的人在一起沟通交流，难免会出现正极与正极的碰撞，稍有不慎，便不欢而散。

作为销售人员，这是我们不愿意看到的，我们的目的是能够与所有人进行友好的沟通，能够在三分钟内打动客户，能够把产品卖给任何一个客户，本书便是因为这个目的而诞生的。之前，有很多读者通过各种方式问我如何把握一些技巧？如何说话？如何与客户沟通等问题，在我看来，想要事情成功，就要做好以下两步：

第一步，找到方法。恭喜你，这一步你已经完成了，因为你看到了这本书，我总结列举出了如何打动人心的销售口才方法。

第二步，主动实施。很多人之所以没有成功，都败在了这一步上，因为懒惰、因为拖延、因为不认真等原因，尽管知道如何做，看到了成功的方法，却一直没去实施，或者实施没有积极性，导致自己离成功一直遥遥无期。

在这里，我希望朋友们能够做好第二步，提升自己的技能，让自己变得更强大，有一个更加美好的未来与前程，遇到更好的自己。

目录

Contents

第一章　一见如故——快速拉近与客户的距离

第二章　有效倾听——会说，更要会听

第五章 诚挚恳切——真诚的语言更有说服力

第六章 因人而异——认清对象，对症下药

第七章　巧用语态——你的语态，决定客户的“听觉”

第八章　先声夺人——像专家一样说话

第九章　有效提问——问对问题巧引导

第一章

一见如故——快速拉近与客户的距离

用"一见如故"营造沟通气氛

一次，我去找一位大学同学，我们有10年没有见面了，所以心情格外激动，一直幻想见面后的各种愉悦。到了地方，我第一眼就认出了这位老同学，同时他也看见了我，他马上激动地喊道："老刘，终于见到你了！"我也激动地说："耗子，好久不见啊！"之后，便是相互拥抱，侃侃而谈，甚是高兴。

之后我想，如果我们和客户之间也能够如老朋友一般交流，营造出一见如故的沟通气氛，那么，成交率一定会很高。问题是，客户通常对于我们来说都是陌生的，彼此不够了解，要营造一见如故的气氛似乎很难很难！

后来，我亲身进行过几次测试发现，即使是陌生客户，只要把握一定的技巧和要点，营造一见如故的气氛也不是很难，能够快速拉近与客户的距离，提高成交率。

有一次我去出差，在酒店餐厅吃早餐，对面坐着一位先生。相信大家都有这样的感受，两个陌生的人坐在一起吃饭，在很安静的环境下，没有语言交流，只听到两人吃饭的声音，是比较尴尬的一件事情。为了避免这种尴尬，我便主动和对方攀谈起来。

"听您口音不是本地人吧？"

"嗯，我是河南郑州人！"

"哦！郑州可是个好地方啊！中国的交通枢纽，在上学的时候就听说过，

前几年我还专门去了一趟郑州，你们的郑州烩面的确很好吃！”

听了我的话，对方马上来了兴趣，我们便边吃饭边愉快地聊了起来。吃完饭走的时候，对方还有一种意犹未尽、没有尽兴的感觉。

试想一下，如果对方是客户，在这样的沟通气氛下，接下来的合作沟通显然会变得十分顺畅。因为在一见如故的状态下，能够给客户留下深刻的印象，让客户同样也体会到一见如故。

营造一见如故气氛的首要因素是做好充足的准备，对客户有充分的了解。唯有如此，你才会明白什么样的语言能够快速拉近彼此之间的距离，可以营造一见如故的气氛。美国前总统富兰克林·罗斯福就是具有这样能力的人。不管来访者是学者、政客还是普通农民，他都能在三言两语中营造出和谐亲切的沟通气氛。

大概在2015年10月份的时候，我应某企业的邀请，去西安讲课。在咸阳机场，远远看见一位30岁左右的年轻人举着牌子找我，我便上前打了招呼，自报家门。这位年轻人很兴奋地说道：“哇！终于见到真人了，您就是刘老师啊，您的那本《自媒体营销实战攻略》我看了好几遍，真的很不错，还有您那些关于微商的作品，我都拜读过！”

我一听，对方不仅是接机人员，而且还是我的粉丝啊！顿时来了兴趣，说：“过奖过奖！写的不好，你也在做微商吗？”

“没有，我媳妇在做微商，但是我个人对这方面很感兴趣……”

就这样，我们聊了一路，在5天的课程中，我特意向主办方提出要求，所有事宜都要和这位年轻人沟通。

这便是一见如故的力量，对方一句话，便拉近了我与其的距离，并且激发了我沟通的欲望，因为对方所提到的话题正是我感兴趣的话题。

营造一见如故沟通气氛的话术有很多，具体可从以下几个方面入手：

第一，攀亲认友。通常，对于一个陌生客户，只要我们事先做一些调查，都会发现与其有一些或远或近的渊源，如果我们在与客户见面时能够拉上这层关系，那么，与客户之间的距离就会马上拉近。

第二，扬长避短。俗话说“人无完人”，每个人都有优势和缺点，每个人都不希望别人谈自己的短处，而喜欢别人说自己的优势，这是人的本性。所以，如果在与陌生客户沟通时，能够直接或间接的赞扬对方优势，那么对方心情就会大好，沟通的积极性也会被激发，自然，彼此之间的距离也会拉近。

第三，投其所好。在美国爱荷华州的文波特市，有这样一项业务，叫“全天候电话聊天”，每个人只要支付相应的费用就可以与电话那头的专家沟通。通常，打电话的都是感到孤独、寂寞、凄凉的人群，这时专家一般都会说：“今天我也和你一样感到孤独、寂寞、凄凉”。这句话充分表达了对客户的理解之情，与客户产生了共鸣。对于陌生客户，我们也可以用此方法拉近彼此之间的距离，营造一见如故的气氛。比如当你发现客户爱好某个领域时，你可以说：“哇！我也特别喜欢这个。”

总之，营造“一见如故”的沟通气氛，目的是让客户觉得“哇！原来你和我一样”，有一种找到知音，相见恨晚的感觉。

称呼的“艺术”

有一天，你去某店里消费，需要服务员为你介绍时，你喊“美女，过来一下”还是喊“服务员，过来一下”效果好呢？

毫无疑问，当然是前者，这种情况在日常生活中经常遇到，比如在饭店吃饭，经常会听到客人喊“美女，过来一下”，而不是“服务员，过来一下。”不管那位服务员是不是美女，这样称呼都会让对方更高兴，更愿意为你服务，因为作为女人，每个人都希望别人认为自己是美女。

在与客户沟通时，同样具有此等效果。

记得我刚毕业那一年，找了一份工作是在广告公司做业务。当我把做好的广告拿给客户看时，客户看了后非常生气地说：“我让你做到正手面，你怎么做到反手面了，我的要求你们怎么做不到呢！”

客户是一位40岁左右的女士，因为广告已经做好，且发出，已经无法收回改动。我这次去的目的是收第一期广告的钱，确定第二期的版面。当时，客户摆出一副不给钱就想要赶我走的架势，不再理我，而是去做自己的事情。如果这期客户不给钱，等于公司亏本为客户做了这个项目，如果走法律程序，不但耗时耗力，而且还会失去这个客户。

我想了想说：“大姐，您看这次确实是我们做的不对，要不这样，下一期我们把您排前一点，这一期给您打个八折。”

当我说完这句话后，客户的态度有所缓和，声音也变得温柔，说："我真的不是说你们，你看这次做的我真的不满意，既然已经发出去了，就这样吧，下一期接着做，但一定要做好。"

就这样，虽然给客户的广告费用打了八折，但化解了客户的不满，而且成为了公司的老客户。客户之所以态度会转变，主要原因不是我给其打了八折，而是那一声称呼"大姐"。俗话说"开门不打笑脸人"，即使一个人心情再不好，一声恰当的称呼，都会让其对你"刮目相看"。

俗话说"良言一句如冬暖"，一个恰当的称呼，如同在寒冷的冬天遇到了火炉，让人温暖贴心。称呼的得体得当，不仅能够体现个人良好的口才，而且能够满足客户的心理需求，让沟通更加顺畅。所以，要想练好口才，给对方留下一个良好的印象，一定要懂得称呼的艺术。

事实上，对于客户的称呼，并没有固定统一的模式，也没有标准的词汇，只需把握要点，就能够起到称呼一句胜送礼的效果。主要有以下几个要点需把握：

第一，尊重为前提。不管如何称呼对方，一定要抱有一种善意和尊重的心态，这是称呼客户的基本原则。比如客户是一位60多岁的老人，如果你说"老头，您好"，这肯定是不合适的，称呼就会变成讽刺。而如果你说："大爷，您好""老人家，您好"，这样就体现出了你的尊重，对方听了自然会很高兴。

第二，符合客户的自身特点。一位脸上长了一大片胎记的女孩，你用"美女"去称呼对方，不仅不会让客户感到愉悦，甚至会引起客户的反感。所以，称呼一定要符合对方的特点，对于长者，要用表示敬畏的称呼，如"老师”“大哥”“大姐”“大爷”等，对于幼者，要用表示关爱的称呼，比如“妹子”“兄弟”等。

第三，称呼有序。如果客户在两个人以上，就需要按照顺序打招呼，一般顺序是“先长后幼”“先女后男”“先陌生人后熟人”。此外，如果知道对方的职位，要按照职位“先高后低”去称呼。

第四，职位称呼。在销售过程中，称呼他人不是为了满足自己，而是为了满足客户。在现实生活中，我们经常听到“张总”“李总”“赵董”等类似的称呼，对方到底是不是“总”，对于听到的第三者来说也不知道，也无所谓。但是，却能够让对方感到被重视。一个烧鸡店老板，也可以称为“总”，一个上市公司老板，也可以称为“总”，尽管相差悬殊，但却可以体现出我们的认可。

如果我们知道对方的具体职务，一定要准确称呼，而不是统一用“总”替代。比如对方姓张，是某单位的科长，那么就应该礼貌的称为“张科长”，而不是“张总”。

在称呼客户时，除了把握以上几点外，还要有所忌讳，避开对方不喜欢的称呼，比如现在社会上一些从事不良工作的女性称为“小姐”，所以，很多年轻的女性都不喜欢这样的称呼，这一点我深有体会。有一次去一家饭店吃饭，想叫服务员倒一杯水，于是我对站在不远处的服务员说：“小姐，倒一杯水。”谁知对方看了我一眼，很不高兴很不情愿地倒了一杯水过来。后来，我把“小姐”的称呼换成了“姑娘”，服务员的态度360度大转变，变得格外热情。

总之，称呼客户要准确恰当，不卑不亢，谦和有礼，给对方留下美好的印象，使对方乐于与我们交往。

不谈生意，先谈生活

有一段时间，平均每天我要接到十几个推销电话，接通后对方说：“先生您好，买保险吗？”对于类似这样的电话，一般我都会直接挂掉。还有一类电话，接通后对方说：“您好，是刘老师吗？”

我说：“是呀”。

对方说：“仰慕您很久了，看过您很多作品，比如……”

……

就这样，我们聊了大概有两分钟，尽管后来我知道他是卖保险的，但是并不怎么反感，还会认真的听对方介绍。

两者之间的区别就在于前者一上来就和你谈生意，而后者先是谈生活，后谈生意。对于客户来说更容易接受。

销售员在拜访客户时，通常都是处在一个陌生的关系，为了把自己的产品销售给客户，销售员必须主动的和客户进行交往。在与客户交往的过程中，最大的障碍并不是能否见到客户或者掌握产品知识，而是销售员是否能够找到与客户的共同语言。如果销售员与客户之间没有共同的兴趣爱好，那么沟通就会很难进行。

当客户知道你是销售员开始，他便会对你有一种戒备心理，而当你一开始就与其谈生意，尤其是在涉及到他的利益时，他的戒备心理会更加强烈。这时，你无论给他说再多的话他都会有戒备之心。换位思考，当对方表明自

己是销售员时，你会怎么想？你肯定会想："这家伙要向我推销产品，我得小心一点。"或者直接会说："我不需要"。那么，这对于销售员来说是非常不利的。对此，我们该如何解决此问题呢？

最好的解决之道就是从销售员自身入手，在与客户见面之后，不要急于谈生意，先寒暄，再谈生活，最后谈生意。

这里的生活，是指一切与生意无关的事情，可以谈家庭，谈社会，谈理想等等，当然，最好的洽谈话题就是从彼此之间的共同兴趣入手。在人们交际的过程中，一般具有共同兴趣爱好的人之间更可以畅所欲言、互吐衷肠，更能够拉近彼此之间的距离。

2016 年的十一国庆节，在某购物商场，人山人海，数码相机销售员石峰更是格外激动，心想今天一定能够取得一个好业绩。

一位先生走到石峰的柜台前，经过沟通交谈后，客户意向性不是很强，于是石峰说：“现在是十一黄金周，我们店做活动，今天购买这个产品，可送您价值 800 元的旅游门票，这样您就可以马上享受到相机给您带来的快乐。”

客户：“这个不重要，最重要的是这个相机怎么样？适合不适合我？是否好操作？”

石峰：“必须好操作，我们有专业的培训师现场教您操作，而且我敢保证，这个价格绝对是今年最低价，优惠也是最大的，还送您 800 元的旅游门票，如果错过，可就再也没有这样的机会了。”

客户：“哦！我先不要吧，等以后再说。”

在实际的销售工作中，我们是否经常遇到这样的情况，费尽口舌说了半天，客户依然会拒绝而离去，也找不到问题出在哪里，似乎本来客户就是不需要，不感兴趣。

其实不然，看似这样的方式对话没有问题，但就销售来说，还是不够完美，最重要的一点便是先谈了生意，而忘记了谈生活，忽视了客户感兴趣的话题。

没有人会对自己不感兴趣的事情投入太多的精力，换位思考，你会听一个销售员说一些你压根就不感兴趣的事情吗？当然不会。而作为销售员，发现客户的兴趣点，并延伸到生活，是非常重要的一点。

每个人都有兴趣爱好，如果说没有，那么“懒”也是他的兴趣爱好，这也属于生活的一部分。先与客户探讨生活，打消客户的戒备之心，客户就会对我们产生好感，就能拉近与客户之间的距离，随后将产品植入谈话中，客户的接受效果就会更好。我们需要注意以下几点：

第一，注意观察。观察是发现客户兴趣点的主要方式之一，比如去拜访客户，发现客户办公室挂着很多字画，说明客户对字画感兴趣；如果放着很多汽车模型，说明客户对汽车有研究，等等。以此为媒介展开谈话，客户接受度通常都会很高。

第二，注意倾听。有些客户一上来不等你开口，会先描述自己的需求，或者在谈话中，他会无意间透露出自己的关注点，那么，抓住这些点也可以拉近与客户的距离，建立良好的沟通关系。

第三，事先调查。在拜访一些重要客户时，我们通常会事前对其进行外围的了解，在这个环节中，除了了解一些决定成交的关键要素外，对其生活也要做一些相关了解，这样我们在与其沟通的过程中就能够很轻松的融入其中。

不说“我”，要说“我们”

在谈话中，“我”与“我们”只有一字之差，但效果却相差很多。从字面意思来理解，“我”代表自己，“我们”代表团队或公司。如“我觉得这个方案不合理。”表达的是说话主体自己的意思，“我们觉得这个方案不合理。”表达的是说话主体所代表团队的意思。对于倾听者来说，一个是个人意思，一个是团队的意思，后者的影响力自然要比前者大。

在销售中也是如此，比如你是一个汽车销售员，客户给出了一个成交价格，你说“这个价格我给不了你。”客户会觉得，你给不了，如果申请经理的话也许可以。而如果你说“这个价格我们给不了你。”客户就会觉得，这个价格你们公司给不了，申请经理也没有用。客户如果真的喜欢和需要你的产品，会从其他方面入手与你沟通。

此外，用“我”与“我们”在与客户沟通的过程中还有一种非常重要的意思表达，用“我们”可以让客户感觉到你把他当作了自己人，产生亲切感，拉近彼此之间的距离。

李辉是一家汽车配件传媒广告公司的销售员，公司运营的主题是杂志，李辉的工作是找配件销售商在杂志上做广告。这天，李辉去汽配城拜访了一位客户。

李辉：“老板您好，咱家的广告做了没有啊？”

老板：“做了有七八家，你是？”

李辉：“我是大全汽配传媒的，过来看看咱家要不要做个广告。”

老板：“哦，现在已经做了很多了，我想着是不是该撤几家呢！”

李辉：“七八家的确挺多的，其实我觉得咱们做广告，只要有效果，做五家左右就可以了，一些效果不好的该撤就得撤掉。”

老板：“嗯，你说的也是，你们的杂志发行量多大？这期去那里发行……”

说着，客户开始主动了解杂志的具体情况。最后，李辉顺利谈下了这个客户。

我们注意到，李辉在与客户沟通的过程中用了很多“咱们”，意思如同“我们”，如“咱家的广告做了没有啊？”李辉想要表达的真正意思是“你们家的广告做了没有”，传递给客户的意思也是如此，但对于客户来说，他在明白李辉意思的同时，还感觉到李辉把他当作了“自己人”，有一种亲切感。

在这种情感基础上，在与李辉进行简单的交流后，尽管自己的广告已经做了很多，而且打算撤几家，似乎没有需求，但最后还是主动了解了李辉所推荐的产品，并与李辉成交。

不得不说，李辉成交的关键不是他的销售技巧有多好，而是他的“咱们”起到了很大的作用。

在运用该说话技巧时，我们需注意以下几点：

第一，准确把握语境。语境不同，“我们”所代表的意思不同。比如你要告诉客户价格，“我们给你的这个价格已经是最低了……”“我们”所代表的是你们公司。比如你要给予客户建议，“你看我们能不能这样……”“我们”所代表的是你的意思，但会让客户感到一种亲切。所以，在不同的语境中使用，会呈现出不同的效果。

第二，入乡随俗。每个地方的说话用词习惯都不尽相同，比如在北京，人们习惯用“我们”，在河南、山东一些地区，人们习惯用“咱们”，不同的地区用不同的词汇来表达“我们”，入乡随俗的用词，更能拉近与客户之间的距离。

第三，切勿偏离语意。并不是说在与客户沟通的过程中，所有的“我”都可以用“我们”来代替。有些意思的表达是不能被替代的，否则意思会发生变化。比如客户在表达了自己的观点后，你要认可，你说“我认为你说的很有道理”，而不是说“我们认为你说的很有道理”。

巧妙搭讪，融入客户

接近客户，与客户搭讪是一门艺术，更是一种技巧。搭讪搭得好，不仅可以拉近与客户之间的距离，更可以快速成交。反之，客户可能就会从我们身边溜走。

每个人都喜欢宽松自由的环境，客户也不例外。在接触客户的过程中，刻意接触或强势介绍产品，反而会给客户一种压力，不利于产品成交。那么，什么样的方式才是最好的接触客户的方式呢?

我们经常会听到这样一个概念，叫“三米原则”，意思是说，在距离客户三米远的时候就和客户打招呼、微笑、目光接触。当然，这是接触客户一个非常好的方式，如果不注意这一点，就会失去客户。与客户搭讪的方法有很多，但需要把握一些原则，否则，就算是购买意向很强烈的客户也会与我们失之交臂。

我有一个朋友是一家儿童玩具店的老板，这天我去找他办事，正好他不在，有一个店员在店里，于是我就坐在店里等他，这时进来了两个客户。

店员微笑着说：“请随便看看。”随后，她就紧跟着客户，客户走到哪她跟到哪。

大概过了五分钟，店员与客户之间没有任何的交流，整个过程都是两个客户在交流。之后，两个客户受不了店员的“如影随形”，便找个借口离开了。

看到这样的情景，我们是不是“似曾相识”呢？的确，我敢说，在销售行业中，有很多销售员都是这样的。从专业的角度来说，案例中店员并没有与客户进行沟通，只是进行了最为简单的问候，当然也就谈不上搭讪。没有成交也理所当然。此外，店员犯了一个很大的错误，那就是跟客户太紧，没有给客户一个宽松的环境，这让客户产生了一种无形的压力，客户必然会“逃之夭夭”。

那么，有哪些与客户搭讪的方法和技巧呢？

第一，提问搭讪法。如：“您好，有什么可以帮您的呢？”

“您家宝宝多大了？是男孩还是女孩呢？”

“哇！您办公室这幅画真不错，是齐白石的吧？”

……

通过提问法，可在客户回答问题的过程中融入客户，与客户进行友好的沟通。

第二，介绍搭讪法。这个方法要在看出客户有购买意向的时候运用，比如客户看某个商品很认真，且看了好久，那么就可以用此方法。需要注意的是，用此方法时不需要征求客户的意见，直接进行介绍即可。否则，客户说“我不需要”，会造成尴尬的局面。

第三，赞美搭讪法。也就是通过赞美对方某方面的方式接近客户。比如：

“哇！您这件衣服真漂亮，在哪买的？”

“您家宝贝长的真可爱！”

“您的办公室真有书香气，感觉太好了！”

……

第四，示范搭讪法。用展示产品特点优势的方法来吸引客户的注意力。这个方法在民间运用的非常广泛，比如一些街头小贩，他们在放一个小喇叭吆喝产品的同时，自己还不停地向围观群众演示。这种方法常常会引得众人围观，而且从示范的效果来看，产品似乎真的不错。

总之，搭讪需要把握一定的技巧，目的是拉近与客户之间的距离，而不是一蹴而就地把产品卖给客户，不可急于求成。

找一个对方感兴趣的话题

一个人对其感兴趣的事情总是抱有很大的热情和积极性，所以，吸引一个人注意力，接近一个人最好的方式便谈其感兴趣的话题。把兴趣当作沟通的一个出口，当作开启成功大门的一把钥匙，那么对于销售而言，一切都水到渠成了。

我有一个发小，他在一家建材公司担任销售主管一职。有一次，他获得了一个非常有价值的商业信息，城区的北边要建一个小区，相关建材用量相当大。他想：如果把这个业务拿下来，将会是一个很大的业绩。

通过多方打听，得知负责建材采购的人姓张，性格古怪，不太容易接近。

即使这样，他还是硬着头皮去拜访了张先生。第一次拜访，吃了闭门羹，以失败而告终。随后，他找我商量此事。通过商量，我们确定了一个思路：先对其进行相关资料调查，从他的兴趣爱好入手。

通过打听，此人虽然性格古怪，但平时非常喜欢收集一些工艺品，和喜欢工艺品的人关系很好。正好我这位发小也认识一个喜欢工艺品的朋友，而且发小的朋友和这位张先生认识，平时经常会在一起交流一些关于收藏工艺品的心得。

有了这层关系，发小非常高兴，邀上自己的朋友二次拜访张先生。来到张先生的办公室后，张先生先是和发小的朋友一阵热情的寒暄，各自说着最近收藏到的新品。好不容易找到了说话的机会，发小说："听说张先生有收藏工艺品的爱好，给我这位朋友说了之后，没想到他居然认识您。这不，我和朋友一起过来学习学习！"

张先生一改往日的严肃，微笑着说："哪里哪里，只是生活的一个小爱好罢了，收集着玩呢。"

……

就这样，我这位发小轻而易举的融入其中，最终拿下了这个项目。

"到什么山唱什么歌，见什么人说什么话"，在人际沟通中，只有对方感兴趣，才能激发对方沟通的欲望。销售中也是如此，而如何找到对方感兴趣的话题，如何说对方感兴趣的话题，便是一个技术问题。

第一，从产品入手。如果能找到切入点，最好从产品入手寻找客户的兴趣点。我们的目的是将产品卖给客户，如果能在产品上找到客户的兴趣点，那么就更容易说服客户。比如客户准备买一台车，他对车的最大需求是什么？越野能力强、空间大能装东西、外观漂亮帅气等等，只有找到了客户对产品的需求点，才能够“对症下药”，以客户感兴趣的话题，吸引客户购买。

第二，从产品外围入手。主要指关注产品之外的生活兴趣点。我有一个朋友，他特别喜欢钓鱼，几乎每个周末都会外出钓鱼，有时结伴而行，有时一个人去。对钓鱼颇有研究，什么鱼用什么饵，如何选钓位，如何打窝，如何看漂像等等都一门清。有一次，我们在办公室谈事，来了一个保险推销员，我知道平时他对主动找他卖保险的人特别反感，但这次他却和这位保险推销员热情地聊了起来。原因是这位保险业务员进来之后给我们每人递了一张名片，然后看见办公室摆放着一根鱼竿，便不再说保险的事，而是谈起了钓鱼。一说钓鱼，我这位朋友自然非常兴奋，与其热情的交流了起来。

不可否认，这位保险业务员很优秀，因为他从我朋友的兴趣点出发，很快拉近了他们俩的距离，让我朋友不再对他反感。

不管客户对你的产品反映如何，有无需求，需求是否强烈，首先我们要接近客户，融入客户。而最好的方式就是找到客户的兴趣点，找一个对方感兴趣的话题，而后渗透新销售。

第二章

有效倾听——会说，更要会听

会听，才会说

我们面对客户的时候，介绍产品和服务的方式大多是语言表达和身体力行，对于每个销售员来说，运用最多的当然是语言的艺术。用完美的字句组合吸引客户，赢得客户青睐，是每个销售员的职责所在。但是，面对客户，销售员不能总是进行自己主观意向的表达，要根据客户的需求修改完善自己的表达方式，这就要求销售员会听。

会听，就是要求销售员能听出客户表达的重要的点，比如：客户希望通过产品得到的满足、客户对我们产品感兴趣的地方、甚至是客户自身的兴趣所在等等一些有利于销售的话语。说者无心，听者有意就是要求销售员精力集中，听到并抓住客户不经意间的重要表达。无论与客户以什么样的方式进行交谈，都不能因为兴奋或者激动而忘记聆听客户的话。

只有听清了客户的要求，销售员才能根据要求进行详细的介绍，不然，销售员说了一大堆自己认为重要的地方，恰巧还都不是客户想听的方面，最后只能是徒劳无功。类似这样的案例不在少数。

张某是一个销售母婴产品的销售员，他刚刚进入这个行业，没有什么客户资源，也没有固定的销售渠道。但张某是一个特别有上进心的销售员，每天想各种各样的办法寻找客户。这天晚上，他想到胎教中心是一个推销奶粉的好地方，现在的准妈妈都特别重视孩子的教育问题，决不让自己的孩子输在起跑线上，必定也会重视孩子的饮食问题，尤其在婴幼儿时期。在孩子出生前准备好营养价值高的奶粉，肯定是每个准妈妈想要完成的事。

张某便每天拿着宣传页在胎教中心给准妈妈们介绍自己的产品，接连去了几天，就有两个准妈妈给张某打电话说要详细了解奶粉情况。这可把张某高兴坏了，立马拿了一盒奶粉就匆匆出门了。第一位准妈妈说，她家小孩儿将来是要喝母乳的，就想买一款能够补充微量元素的奶粉，可这张某当时实在是太兴奋，想到自己立马到手的生意，一时脑袋充血，什么也没听见，一直在介绍说这款奶粉能够满足小孩儿的全面营养，提高免疫力，妈妈不用担心孩子的营养问题，这位准妈妈一听，脸上就露出失望的表情，便离开了。

张某一看准妈妈走了，立马清醒起来，不再晕头晕脑地说了。随即，见了第二位准妈妈，这时的张某便沉下心来认真听准妈妈说，这位准妈妈想要在产后保持身材，不想让孩子喝母乳，想要寻找到一种牌子的奶粉，能够提供给小孩儿不同年龄段需要的不同营养。张某便介绍了公司的新款奶粉，分有一个月以内婴儿喝的，一个月到三个月婴儿喝的，三个月到六个月婴儿喝的……这位准妈妈听了以后觉得很满意，从他这里买走了几盒奶粉，还说要推荐给其他准妈妈。

在这个案例中，张某遇到了两位需求完全不同的准妈妈，面对第一位准妈妈时，张某过于兴奋，完全没有听客户的要求，只是自己一股脑地说，而没有满足客户的需求，客户当然离去了。

面对第二位准妈妈时，张某认真听客户的要求，根据准妈妈的需求，给准妈妈有针对性地推荐奶粉，不浪费时间，不做过多无用烦琐的介绍，既迎合了准妈妈的要求，又给准妈妈留下好印象。

接待客户时，只有听清楚客户的要求，才能以此为切入点进行满足客户需求的介绍，销售才能成功，那么，作为销售员的我们怎样才能做到“会听，才会说”呢?

第一，注意标志性词语。顾客一定是有需求，才给我们机会来介绍自己的产品，一旦听到客户说“我想……我认为……我觉得……”这些字眼，就代表顾客要表达需求了，这时，销售员一定要认真听。

第二，先听后说。见到顾客，销售员要请顾客叙述自己的需求后，再介绍产品，如果销售员不知道顾客的需求就介绍产品，不仅销售员被动，也吸引不了顾客。

第三，注意顾客的提问。顾客提出问题的地方，往往就是顾客感兴趣的地方，销售员要对顾客提出问题的地方进行详细的解释，而且还要在这些方面多加介绍。

不随意打断客户的谈话

我们约见的客户当中，不免会有一些客户与销售员聊着聊着就跑了题，反而跟销售员拉起了家常，说一些鸡毛蒜皮的小事，不少销售员觉得客户在浪费时间，就打断客户的谈话，客户一不高兴转身就走。客户拉家常的时候还坐在你对面，就说明还有合作的机会，一旦你打断她的谈话，客户就会认为你连听她说话的耐心都没有，对你的印象立马变坏，更不用说合作的事了。

还有一些客户，交谈过程中给你提出许多问题，你要一个一个认真分析并解答，一定不能打断他们的谈话，阻止他们提问，千万不要认为提问是对你的刁难，客户的提问是对合作的重视和尊重。一些经验少的销售员经不住客户的种种提问，觉得客户刁难自己，就打断客户的提问，委屈地离开。

客户在百忙之中抽出时间听我们介绍产品，就是对我们的尊重，换位思考一下，我们也应该尊重客户，不随意打断客户的谈话。类似这样的案例在销售过程中很常见，只要我们耐着性子，不随意打断客户的谈话，渐渐回归正题就可以了。

张某是一位销售洗发水的年轻销售员，张某做销售员时间不长，每天早出晚归、东奔西走找客户，晚上回到出租屋休息。这天晚上，张某突然想到可以把这些洗发水推销给楼下广场的大妈们，还不用走太远的路，这些大妈都退休在家，每天跳跳舞、带带孙子、做做家务，给她们推销洗发水再合适不过了。

第二天早上，张某一听到广场舞的声音就起床了，坐在广场旁边，一直等到大妈们都散了，追上一个大妈，给大妈说明用意，大妈说她正好不急着回去做家务，就留下来听张某介绍。可不知什么时候，大妈就开始说起她孙子幼儿园门口，每天上下学排着长队……张某一听就急了，自己是过来推销洗发水的，不是听你说孙子的，就对大妈说："您还是先看看我们的洗发水吧！"大妈一听就不高兴了，说："我说两句话你都不愿意听，我干嘛买你的洗发水。"转身就走了。

张某立马认识到自己的错误，他又追上另一个大妈再次开展业务，这位大妈很乐意听张某介绍，可也不知道为什么，这位大妈给她说起了自己的儿媳妇，说她儿媳妇不干家务，好吃懒做……这次张某没有打断大妈的谈话，还安慰大妈不能生气，要放宽心，大妈夸张某年纪轻轻就这么懂事，还拉来一大群大妈过来买洗发水。

在这个案例中，张某遇到了两位年龄较大的顾客，原本广场大妈的生活琐事就比较多，还爱唠叨，多说两句很正常。可面对第一位大妈的时候，张某经验不足，没有耐心，在销售过程中，大妈多说了一些自己的生活琐事，张某觉得大妈说的话和销售无关，就打断了大妈的谈话，给大妈留下了不好的印象，合作也就没有成功。

面对第二位大妈的时候，这位大妈也给张某说了许多家长里短，张某吸取了上次的教训，没有打断大妈的谈话，还安慰大妈不能生气，给大妈留下极好的印象，洗发水自然而然也就卖出去了，还达到特别好的宣传效果。

给客户介绍产品的过程，不免会遇到一些爱跑题的客户，这时销售员要怎么做才能让客户体会到我们的良好服务，才能使合作成功呢?

第一，保持耐心。客户腾出他们的宝贵时间给我们推销的机会，听些客户的家常话对我们而言也没有什么损失，打断客户的谈话就会给我们带来很大的损失，这时我们一定要保持耐心，听完客户的话。

第二，不随便插嘴。不能随意剥夺客户的发言机会，会显得不尊重客户，顾客能够听我们介绍产品不插嘴，我们也应该听完客户的谈话不插嘴。

第三，认真听客户的话。在销售过程中，在要求销售员不随意打断客户谈话的同时，还要求销售员认真听客户的话，必要的时候要给予肯定，无论是一个点头，还是一句肯定的话，都是对客户的尊重。

认真理解客户的每一句话

客户是销售员的销售对象，任何情况下都要以客户为主，不能把自己当作主角。客户的每一句话都是需要销售员认真聆听、认真分析的。客户对产品的意见可能不会直接明了的告诉你，但他会以另外一种含蓄不强硬的方式告诉你，这就要求销售员理解清楚客户的每一句话，只有这样，才能全面满足客户对产品的期待。

有可能客户在听了你的介绍以后，发现你的产品并不符合自己的口味，但又不好意思直接拒绝你，客户会很婉转的告诉你他的感受，这时的销售员一定要理解客户的用意，如果一直不暂停销售，不仅客户难堪，也会给客户留下不好的印象，还浪费双方的时间。

销售员也不能一个劲的介绍产品，全然不顾顾客的话，甚至是客户的表情和肢体动作、客户的一举一动、一颦一笑都是需要销售员注意并分析的，这些细节，都能够帮助销售员理解顾客说的话，以便销售顺利进行。认真理解客户的每一句话，使销售进行得高效又顺利，是每个销售员需要做的事。

阿孙是服装店的一名销售员，每天在店里接待顾客，为顾客介绍服装的面料、颜色、款式等等，面带微笑，尽心尽力，但与其他销售员相比，其他销售员都或多或少有一些固定客户，可阿孙的固定客户却很少。她很纳闷，自己这么努力工作，回家还学习成功的销售案例。这真的只是因为阿孙运气不好吗？

这天，店里来了一名顾客，阿孙快步迎了上去，这位年轻的女性顾客，拿起一条粉色蕾丝长裙在身上比了一下，阿孙说："您眼光真好，这款长裙特别显身材，蕾丝面料又显得很性感，要不我给您拿个合适的尺码试一下？"

顾客说："我觉得穿上会显得臀部很丰满。"

阿孙说："没关系，我给您找一件黑色的，就不会有这种问题。"

顾客没接话，把裙子放在衣架上，拿起一条短裤，让阿孙找了合适的尺码，进了试衣间。顾客出来照镜子，只看了一下就回到试衣间要换掉衣服，阿孙问："怎么了？"顾客说："太短了！"阿孙一直在试衣间外边儿说："不短不短，好多人都这样穿，特别好看。"顾客出了试衣间直接离开了。

在这个案例中，阿孙就没有理解顾客说的话，一直按照自己的思维定式与顾客沟通。顾客觉得蕾丝裙显得臀部丰满，是不满意裙子的版型，不是介意裙子的颜色，阿孙却认为黑色显瘦，换个黑色就能让顾客的疑虑消除。

阿孙和客户的想法截然不同，顾客当然不满意，就又将目标转向短裤。这次阿孙仍然没理解客户的话，客户认为短裤太短，而且直接进试衣间要换掉，就是不想要这条短裤的意思，阿孙没有听出来，还劝顾客说："不短不短！"顾客当然无话可说，必然离开了。如果当时阿孙推荐给顾客另一款稍微长一点儿的短裤，结果可能就会截然相反。

在销售过程中，不是每个顾客都会完全满意销售员推销的产品，销售员一定会遇到有顾客想要拒绝，想要更换的时候，如果顾客没有直接告诉销售员，就是在保护销售员的颜面，销售员一定要理解客户的每一句话，理解客户的言外之意，及时修改自己的销售方式。在销售过程中，我们究竟应该怎么做，才能理解客户的每一句话呢？

第一，把注意力放在顾客身上。销售员当然应该注意自己介绍产品时的语言表达，但更多的是要注意顾客的表达，顾客是不是对产品满意？是不是不太满意？是不是有意见要提出？销售员要集中注意力并及时理解顾客的话，尽量避免不良结果的发生。

第二，注意顾客的一举一动。或许你通过顾客的话不能完全理解顾客的用意，你可以通过观察顾客的一举一动来帮助你理解顾客的话。如果客户频繁的看表或者接电话，就说明客户想要离开了；如果客户面带微笑，而且一直在认真听你讲解，销售就可以继续进行下去。

第三，适当跟着顾客的思维走。跟随顾客的思维不是说要盲目跟随，是要求销售员了解顾客对产品的大致印象，以便销售员理解顾客的话。

不做“独白者”

在销售过程中，不免会遇到一些不善言辞的客户，不愿意当面指出自己的不满和疑问，不说明自己的见解，没有与销售员进行适当的互动，这时销售员的产品介绍就更像是“独白”。甚至一些销售员根本就不给顾客表达的机会，只是将产品介绍灌输给顾客，表面上看起来，销售员是占主动地位的，滔滔不绝说个不停，实际上，销售员并不知道顾客的态度，销售员是处于不利地位的。

销售员在销售过程中一定不要做“独白者”，要适当地给顾客抛出一些问题，及时了解顾客的购买意向。一些销售员在介绍产品的过程中，发现顾客没有提出疑问，兴奋得语速也加快了，也不管顾客有没有听清楚，自顾自地介绍，顾客听得一头雾水，根本不知道销售员说了什么，也不知道自己该说些什么，顾客也不好意思打断销售员的介绍，处于尴尬的境地。销售员一旦发现顾客沉默不语，要立即反思一下自己是不是表达不当，顾客是不是没有听清楚，及时修改自己的表达方式并想办法让顾客给予反馈。

销售不是只靠销售员的嘴皮子就能成功的，销售是一个双向的过程，顾客与销售员及时有效的沟通才是销售成功的关键。类似销售员在销售过程中做“独白者”的案例不在少数。

小宇是一名在校大学生，利用课余时间做销售员积累社会经验。小宇在学校各大社团做过许多活动策划，自认为嘴皮子很溜，觉得做销售员就是靠嘴吃饭，说得好就不怕赚不到钱。于是，带着嘴皮走出校门卖起了化妆品。

小宇的产品介绍稿准备了好多天，反复推敲修改，练习了好多遍，终于能在商场门口摆摊子卖化妆品了，小宇带着喇叭站在摊位前面喊：“我们这款化妆品不仅能够深层滋养，而且补水，还增加肌肤弹性……”走上前去的顾客不少，可顾客们都只是听一听小宇的介绍，随便看了几眼，就离开了，小宇喊了一上午把嗓子喊哑了也没卖出去一套。

小宇不解，自己这么努力，怎么就没有回报呢？

她扭头看到旁边一个卖酸奶的摊位，顾客多得都快要把摊子挤破了，那个销售员一直在喊：“欢迎大家前来免费品尝，欢迎大家前来补充意见！”大多数顾客品尝以后都觉得酸奶很好喝，真正补充意见的很少，很多顾客直接买了一些带回家。这个销售员就只喊那两句话，很多顾客向他提出问题，他面带微笑，给顾客解答，卖酸奶的销售员没过多介绍酸奶，嗓子也没哑，怎么就卖那么多呢？

在这个案例中，小宇就充当了“独白者”，小宇虽是在销售化妆品，但更多的是在卖嘴皮，顾客只体会到小宇的流利表达，并没有感受到化妆品的真正功效，小宇也没有给顾客表达感受的机会。反而，卖酸奶的销售员，可能没有小宇表达的流利通畅，但他给顾客感受和表达的机会，他能够接收到顾客的反馈，顾客也能够感受到酸奶是真的不错，对销售员的态度也很满意，销售效果自然也就比小宇好很多。

销售员说得天花乱坠，不给顾客喘息和表达的机会，就是在销售过程中做了“独白者”，费了好大功夫，到头来还是竹篮打水一场空。在销售过程中，我们要怎么做，才能不做“独白者”呢?

第一，给顾客发言的机会。销售员销售的对象是顾客，顾客的意见非常重要，如果销售过程中只有销售员在说话，顾客根本没有机会表达自己的看法，那销售也就基本上失败了。所以，要给顾客发言的机会，听一听顾客的意见，销售才能顺利进行。

第二，给自己的嗓子放会儿假。销售员要给自己嗓子一些休息的时间，把这些时间留给顾客来表达，在顾客的表达中寻找切入点，以便进行下一步的介绍。

第三，表达清晰。销售员介绍产品的过程中语速一定要放慢，表达要清晰，要让顾客听得明白，给顾客思考的时间。如果销售员的表达逻辑性不强，语速还快，顾客听不懂，就是自己使自己做了“独白者”，销售效果一定不理想。

听懂客户的抱怨

销售员在销售过程中，会遇到各种各样的客户，如正直的客户、圆滑的客户、认真的客户、积极的客户、消极的客户……会听到客户各种各样的表达，当然包括客户的抱怨，但多数客户的抱怨不会让销售员轻而易举的理解，客户会含蓄委婉地表达，这需要销售员认真揣摩才能听懂。

在销售过程中，客户不可能对我们的产品或者接待方式完全满意，必然会有或多或少的不满，一些客户会直截了当地告诉销售员，另一些客户会转换表达方式来告诉销售员自己的不满甚至是抱怨。也可能，有些客户在了解产品之后就想要拒绝，但又不好意思直接说出来，就会抱怨身边的其他因素来间接表示自己的不满。

不少经验少的销售员，听不懂客户的抱怨，或者不能想出办法消除客户的抱怨，最后销售失败。类似这样的情况不难遇到，在这种情况下，销售员一定要听懂客户的抱怨，并及时解决客户的不满意，不仅要提供给客户满意的产品和服务，还要解决客户的各种疑虑。

阿华是一所医药公司的实习销售员，跟着公司的金牌销售员学习了许多销售技巧，每天下班都会在网上搜集医药方面的资料，以便回答客户在专业知识方面的提问。他费了好大的劲，约到一个客户，提前练习了好多遍公司介绍和产品介绍，连语调和着重点也反复修改。

他和客户约在一个露天的咖啡厅，周围很安静，适合认真思考和谈话，阿华刚把公司介绍讲完，客户就说："这天气真热！"

阿华说："要不我们挪到对面的冷饮店去谈？那儿凉快些。"

客户说："不用麻烦了，我们速度快点儿就行了。"

阿华就真的听了客户的话，觉得客户是对产品不满意，就把产品介绍缩短了一大半，好多重要的点也漏掉了，自己的精心准备也白费了，最后不欢而散。

第二天，阿华跟着公司的金牌销售，观摩了一次精彩的销售"表演"。

阿华和金牌销售员直接来到客户所在单位，直接找到客户，简明扼要地说明来意，简单进行公司介绍后，客户就说自己要去工作了，等有时间再约。金牌销售员说：“再给我们三分钟时间，您一定不会失望。”金牌销售员立刻举出一些药品临床应用的成功案例，解释了一些其他客户常提出的疑问。这时客户也不再急着去工作了，而是联系了公司的采购人员，销售就这样成功了。

在这个案例中，两个客户都表达了自己的抱怨。但结果却完全不同，关键就在于销售员的理解与否。阿华接待的客户抱怨天气太热，就是对环境的不满意，销售员只用换一个凉爽的环境就可以了。阿华却因为客户的一句：“太麻烦了，速度快点儿就行”，就真的不换场地，甚至还缩短产品介绍。阿华把客户对环境的抱怨，理解为对产品的抱怨，错误的解决了客户的抱怨，弄丢了原本可能成功合作的客户。

阿华没有听懂客户的抱怨，金牌销售员就能够听懂并完美解决。金牌销售接待的客户抱怨销售员耽误自己的工作时间，金牌销售员就要求客户只给自己三分钟，客户当然会给销售员三分钟的机会，金牌销售员就紧紧把握住机会，挑出重要的信息告诉客户，既消除了客户的抱怨，又销售成功了，两全其美。

在销售过程中，我们到底该怎么做才能听懂客户的抱怨呢？

第一，多方面结合联系。客户的心理感受可能不会体现在语言上，但有可能表现在表情中，销售员要注意结合交谈时客户的表情，相互联系来鉴别并听懂客户的抱怨。客户有可能不把抱怨体现在话语中，而是表现在肢体语言上，比如，一个客户频繁的看表，就说明客户嫌销售时间太长了，这也是间接抱怨，就需要销售员及时发现了。

第二，深入询问。客户可能没有直接表达抱怨，你也没有听明白，这时销售员可以顺着客户的话深入询问客户，进一步理解客户的话，以助销售员鉴别客户的话是否为抱怨。

第三，及时解决问题。听懂客户的抱怨，不是仅仅要求销售员听明白就可以了，还要求销售员能够解决客户的抱怨，只有客户的抱怨消除了，客户心里踏实了，销售才能顺利进行下去。

及时察觉客户“另谋他就”的迹象

客户都会有货比三家的思想，甚至会拿出其他产品的强项来与我们的产品进行比较，有些客户会假装购买产品来打探情况，这都是销售过程中经常会遇到的事情。这时就需要销售员察言观色，及时发现客户“另谋他就”的迹象，及时告诉客户自己产品的种种优点，如果现在购买会有什么样的优惠或者赠品，用各种办法把握住顾客的心理。

在销售过程中，客户有“另谋他就”的想法是很正常的，客户想要用最低的成本换来最高的回报，有些时候，在客户的主观印象中，其他产品可能更好，这就需要销售员及时发现，及时想办法拉回客户的心，让客户转变想法。

小伟是服装公司的一名实习生，被派到公司旗下的服装店做销售员。小伟对自己的工作很不满意，觉得自己在学校学习了那么多知识，最后只是在服装店卖衣服，认为这个工作既不体面，也不能体现自己的人生价值，完全没有意义，工作的兴致并不高。可上班第一天，她就彻底改变了自己的想法。

和小伟一起工作的，是一位资深销售员，大家都叫她刘姐。刘姐在许多行业都做过销售员，销售业绩特别棒。小伟最先接待的客户是两位大学生，小伟很高兴，自认为对同龄人很了解，觉得胜券在握。

其中一位顾客看中了一件毛呢大衣，穿在身上照了好长时间镜子，然后又默默看了一下吊牌，就和另一位顾客小声说起话来，手里拿着毛呢大衣在店里挑选其他衣服，小伟跟在旁边说："这款毛呢大衣是我们店里刚到的新货，非常时尚，而且你穿上特别显气场，要不我给你开个票？"

客户说："我想再看看其他的。"边说边往门外看。

小伟还在开心，觉得可能还会多卖出去几件。

顾客转回原来的位置，拿起衣架准备把衣服放回去。这一切都被刘姐看在眼里，小伟还在纳闷，刘姐便过来告诉顾客："我们店里在搞一个优惠，满200送100元代金券，现在拿一件衣服，等于便宜了100块呢！以后可能就没这个机会了！"

顾客听了刘姐的话，又穿上衣服看了看，犹豫了一会儿，买下了。

顾客离开后，刘姐告诉小伟："你要学的多着呢！"小伟虚心地说："谢谢刘姐！以后还指望刘姐多教教我！"

在这个案例中，年轻的小伟缺乏经验，没有听懂顾客"另谋他就"的迹象，一直觉得顾客一定会买下这件衣服，小伟过于自信，以致差点失去这个顾客。小伟看得到客户对衣服很满意，但没发现客户对价格不满意，没有进行补救措施。顾客一直往门外看的细节也没有被小伟抓住，小伟没有做到察言观色来辨识客户的态度。幸好有刘姐在场，发现了顾客"另谋他就"的迹象，告诉顾客店里的优惠，为顾客解决了价格上的顾虑，满足了顾客，最后成功销售。

在销售过程中，类似这样的案例非常多见，遇到这种情况，我们具体应该怎么做才能察觉顾客“另谋他就”的迹象呢?

第一，察言观色。顾客的每一个动作每一个眼神，都需要销售员细心观察并体会，客户犹豫不决的时候，就是销售员把握顾客的最好时机。这就要求销售员察言观色，细心观察，将顾客另谋他就的迹象扼杀在摇篮里。

第二，不盲目自信。每一次销售，都是销售员积累经验的机会，销售员要认真对待任何一次销售，不能盲目自信，以免遮盖了自己的双眼，看不到顾客“另谋他就”的迹象。

第三，综合多方面信息。如果顾客有“另谋他就”的意向，一定不会只体现在一个方面，可能会体现在行动中、话语里、眼神里……销售员要综合多方面信息，来发掘顾客“另谋他就”的迹象。

听懂客户的场面话

在销售过程中，销售员说话能力和水准已经成为衡量销售能力的关键因素，销售员不仅要会说话，还要听懂客户的话，尤其是客户的场面话。想要听懂场面话，就要把顾客的正式承诺和场面话区分开，只有分清了顾客的话是否为场面话，销售员才能具体应对，不至于因为误解场面话而耽误了正事。

判断客户的话是否为场面话也不是难题。如果销售员给客户介绍过产品后，多次拜访客户，客户总是闪烁其词，或者找一些借口，迟迟不切入正题，就说明客户说的是场面话，销售员就不用再进行下去；如果客户仔细询问产品细节，就说明客户说的话是真心实意的，销售员应该认真对待，积极主动地为客户答疑。

在销售过程中，不少客户会运用一些场面话做一些圆润的表达，这时销售员一定要冷静客观地分析客户的话，以免产生误解。不少销售员因种种原因未能听懂客户的场面话，产生诸多误解致使销售失败，类似这样的案例在销售中很常见。

小张是一名销售员，刚进入销售行业，经验不丰富，每成功销售一次，内心都会被满满的成就感所充盈，继而更认真工作。每次与客户会面以前，小张总是花很长时间精心打扮自己，用最好的面貌迎接客户，她认为给客户的第一印象很重要，精神面貌更重要。

这次和小张见面的这位客户也是一位女性，比小张年龄稍大，刚见面，顾客就夸小张的发型不错，小张立马给客户介绍自己的发型，告诉客户是在哪个理发店做的，哪个理发师技术特别好，哪个发色特别显气质……却迟迟不谈产品的事。

客户提醒小张说："我等会儿还有点儿事，咱们进度快一点，可以吗？"

这句话可把小张敲醒了，赶紧进入正题，小张虽然嘴上给客户介绍产品，心里却想着自己刚才荒唐的举动，担心给客户留下了坏印象。就这样忐忑不安的结束了介绍，客户说要再认真考虑一下，就离开了。

第二天，小张还在为自己前一天的举动后悔不已，想要再次联系客户，询问考虑的结果并设法转变自己给客户留下的印象。小张来到客户公司，客户的秘书告诉她："我们老板出差了，过几天才能回来。"小张只好失望地离开了。

又过了几天，小张再次来到客户公司，因客户不在，小张只好放弃了。

在这个案例中，小张就是因为两次没有听懂客户的场面话而销售失败。也许小张带去的产品并不差，但客户所说的三句话中，小张只听懂了一句，销售失败必然在所难免。

客户在刚会面的时候夸小张的发型，这显然是场面话，可小张竟然顺势给客户推荐理发店，完全忘记了自己的职业所在，完全没有体现出一个销售员应有的职业素质，浪费客户的时间，给客户留下不好的印象。在接下来的产品介绍过程中，小张也心不在焉，没有把握机会反转局面，还把最后客户用来维护小张面子的一句“考虑一下”信以为真，仍然追着客户不放，在后续的几次拜访中，也吃了闭门羹。

在销售过程中，销售员会很经常地听到场面话，具体我们应该怎么做，才能辨别并听懂客户的场面话呢?

第一，明确目的。销售员的目的是销售成功，不是与客户聊天，无论听到什么题外话，都要立刻转回正题。听到客户的夸赞，也不能沾沾自喜，对销售员的赞美通常都是客户的场面话，是客户为了给销售润色，销售员应理智面对。

第二，把注意力放在客户身上。客户的每一句话都是销售成败的关键，要通过客户的一举一动来辨别客户的话是否为场面话，这就需要销售员将注意力一直放在客户身上，以便辨别客户的场面话和正式承诺。

第三，保持活跃的思维。听到客户的话后，要反复多方面思考，辨别客户的话是否为场面话，进而听懂客户的场面话，销售员要及时转变销售方式，甚至思考是否终止销售。

第三章

称赞有术——赞美有度，业绩无边

请教客户，也是一种赞美

在销售过程中，销售员要运用自己的聪明才智，恰当地赞美客户，为销售润色增分。请教客户，就不失为一种合适的赞美方式。赞美客户的内容要具体化，笼统的赞美会让客户觉得销售员不够真诚，继而担心销售员会不会在合作过程中有所保留。请教客户也要真心实意，具体真诚的请教能带给客户优越感，促进销售顺利进行。

请教客户，也要结合客户的自身情况，结合客户的年龄、喜好、性别，比如：40–50岁的客户需要的是崇拜，销售员可以用崇拜的语气请教客户工作或者生活中的问题；30–40岁，客户需要的是赞美，销售员可以赞美客户事业有成，年轻有为，并讨教一些专业问题。这种间接的赞美，是销售过程中的点睛之笔。

我们也可能会遇到一些带孩子过来的客户，我们可以通过夸小孩儿有礼貌、懂事，来请教客户的教育方法，间接赞美客户；我们也可以通过赞美客户公司的前台或者保安的优秀服务来请教客户的管理理念。通过请教客户来进行间接的赞美，摒弃俗套的赞美方式，更能赢得客户的青睐。在实际销售过程中，类似这样的案例不在少数。

小方是一名销售员，奔走于城市间，为了生活，每天对客户笑脸相迎，给客户带来心仪的赞美，也带给了自己越来越多的成就感。

这天，小方来到客户张总的公司，张总经营公司时间不长，但他新颖的管理理念在业界是出了名的。小方提前半小时来到公司，公司前台衣着端庄，带着标准式微笑，把小方带到会客厅休息，并告诉小方，张总半小时后回来，这时会客厅里还有另一个销售员也在等待张总。小方在公司转了一大圈，卫生间干净卫生，还飘着淡淡的玫瑰香味，公司员工都精神抖擞，公司的工作氛围令人惊讶。

小方还在享受公司温馨的工作环境的时候，张总来到会客厅，满怀歉意地说："抱歉让你们等这么久！"

小方说："不！是我提前到了，您公司前台服务态度和员工素质都特别好，卫生间还有玫瑰花香，公司环境也很温馨，您是怎么做到的，能把公司管理得像家一样？我巴不得多待一会儿呢！"

张总说："哈哈！过奖了，你的到来才是我的荣幸呀！"

另一个销售员说："没关系张总，我们公司的产品一定不会让您失望的！"

张总说："那好，我们开始吧！"

接下来，小方和张总的谈话很愉快，另一个销售员很少有插话的机会，小方与张总的合作当然顺利达成了。

在这个案例中，小方就是用请教客户的方式达到赞美客户的效果，最终成功做成销售。小方结合客户的公司员工和公司环境，通过赞美公司的优秀管理，请教客户的管理方式，间接赞美客户的优秀管理能力。小方的赞美给客户带来愉悦的心情，而且这种真心实意的对细节的赞美，给客户留下良好的印象。小方请教客户，并不是为了得到答案，不是要复制客户的管理方式，只是单纯地为了赞美客户，客户没有明确回答小方的问题，小方也没有追问，客户也就明白了小方请教的真实意图。

另一个销售员没有赞美客户，直接开始推销，在小方的衬托下，就显得黯然失色，当然就失去了订单。在销售过程中，我们究竟该怎么做，才能通过请教客户来赞美客户呢？

第一，从细节入手。如果问客户是怎么做到意气风发的，就是销售员自己给自己减分。如果通过客户的名片入手，效果就完全不同，可以请教客户的名片设计理念，就是在不经意间赞美了客户。

第二，自然不做作。赞美客户的过程中，表情要自然，不能太过夸张，如果夸客户时张大嘴巴说："哇噻！您这个指甲油颜色真漂亮，您在哪儿做的？"就显得太假了。如果拉着客户的手(男销售员不可以)认真端详，再请教客户，赞美效果就会好很多。

赞美不是拍马屁

爱美之心人皆有之。听赞美之词，当然也是每个人的向往，销售人员就要利用人性的这一特点，在销售过程中适当运用赞美之词，通过赞美抓住顾客的心，顾客一高兴，原本的心理设防就会撤掉一些，对我们营销计划的完成会有很大帮助。

但是，赞美也要把握好度，要实事求是的赞美，而不是夸大其词的拍马屁，有些销售人员为了销售成功往往会用劲过猛，说出些浮夸的话，这样反而会适得其反，给顾客留下不好的印象，顾客会认为："这个销售员夸人都这么假，产品不会也是假的吧！"销售成功率也会大打折扣。而且，与顾客会面之前，一定要事先了解清楚顾客的职业、性格、爱好等，想好适合顾客的赞美之词，以免见到顾客一时紧张，说出不合时宜的话来。

小江是一个刚大学毕业的销售员，这天，主管给了他两份客户资料，让他给这两个人推销一下公司的产品。这可把小江高兴坏了，这可是入职后的第一项任务，心里想着一定要完成好了。他马上打电话给顾客，约了下午见面详谈，并完善修改了自己的产品介绍，反复练习，赴约路上小江心想："见到顾客要先夸他一句，再介绍产品，更有胜算。"

第一个顾客是一位35岁左右穿西装的男士，小江看到顾客后说："兄弟真是英姿飒爽，玉树临风哪！真是成功人士的模样！"然后就滔滔不绝地开始介绍公司和产品，过程中顾客并没有提出对产品的疑问，也没有多说什么话，最后就说了一句"谢谢"，然后离开了。小江还在庆幸这个顾客没有刁难自己，回味自己刚才完美的介绍……

第二位顾客是一位30岁左右的女士，小江与顾客握手的同时说："您手保养的可真好！"女士微笑着说："谢谢！"接着，小江开始介绍产品，女士也提出了一些对产品的疑问，小江也都一一解答了，交谈很愉快，小江明显看得到女士满意的微笑，女士离开时说："我回去认真考虑一下，明天给你答复。"

第二天，小江接到女士订购产品的电话，那位男士却一直没有消息。

在这个案例中，对于两个顾客，小江都想到了运用赞美之术，但对男士说的话显然过于虚浮，令男士对小江的印象不太好，让顾客看不到销售员的诚意，男士便没有过多交谈，合作也没有成功。对女士的赞美却是恰到好处，满足了女人的虚荣心，也给交谈开了个好头。两人都给小江说了句“谢谢”，女士的“谢谢”是合作的开始，男士的“谢谢”却因小江误拍的马屁成了合作的结束。

销售员面对顾客的时候，代表的不仅仅是个人，更是公司形象。顾客对于公司和产品的了解很少的时候，销售员的每一句话都是公司和产品形象的代表，赞美之词更是重中之重。销售技巧是每个销售员的必备素质，赞美作为销售的点睛之笔，更需要销售员审时度势，恰当的运用，以提高销售的成功率。那么，我们应该怎么合理的运用赞美之术呢?

第一，了解顾客。在约见顾客之前，我们要做好充足的准备，这就要求我们不仅仅准备好产品介绍和公司简介，还要了解顾客的性格、爱好、职业等信息，为顾客量身打造赞美之词，以免临场发挥时说出不恰当的话。

第二，注意用词。顾客想要了解的最主要的是产品信息，并不是你绞尽脑汁想出的华丽辞藻，顾客只需要销售员发自肺腑的实实在在的赞美，这样不仅仅给你自己加分，也给公司和产品增色。千万不能用虚浮的词而捡了芝麻丢了西瓜。

第三，切勿赞美过多。时间就是金钱，顾客的原本意图就是了解产品，你却抓住顾客赞美个不停，迟迟不切入正题。这不仅浪费双方的时间，而且会顾此失彼，带给顾客不良印象，降低成功率。

赞美及时，称赞得当

在销售过程中，赞美需要的是真诚、及时、得当，赞美忌讳虚假。赞美的内容要具体化，通过得当的具体的赞美提升赞美的功效，笼统的赞美只会起到相反的效果。销售员更不能赞美得虚情假意，这样会使客户产生不利于销售的想法："销售过程中，对方是不是有所保留？自己是不是吃亏了？"到头来"聪明反被聪明误"，销售效果大打折扣。

及时得当的赞美是销售的助力车。及时赞美就要求销售员面对客户的时候不拖延、不犹豫，如果赞美客户都要思考好长时间，就会给客户虚情假意的印象，客户会觉得这种赞美不是发自肺腑的。得当的赞美就要求销售员不夸大不张扬，赞美应该是销售员真情的流露，太过浮夸的赞美总会给人虚假的感觉，会给销售减分。

销售员及时得当的赞美能够带给客户愉悦的心情，赞美的同时进行一些眼神交流，能够保证客户的注意力一直把握在销售员手中。及时得当的赞美就不会给客户故意迎合的感觉，反而会有相见恨晚，相互信任的感觉。

小李是一名女性内衣销售员，身处这个行业，又作为女性，非常了解女性所需，了解女性想要听到的话，想要得到的东西。小李也知道赞美的强大功效，在销售中运用得如鱼得水。

今天小李接待的第一位顾客是一名25岁左右的女性，顾客刚进门，小李就问："美女！是要买内衣吗？"

顾客说："嗯！对！"

小李说："一看您就特别注意胸部保养，您这胸型多好！"

顾客说："说真的，女性就是应该多注意这方面的保养，你快帮我挑点儿合适的！"

小李边介绍，边给顾客量身挑选，还夸客户皮肤好，水嫩嫩的，全程笑脸相迎，又是帮顾客量尺寸，又是帮顾客试内衣，店里满是小李和顾客的欢声笑语，两人滔滔不绝交谈了好久……内衣也不知不觉就选定了，交易进行得很愉快。

第二位顾客是一名50岁左右的女性，这位顾客进店后四处张望，而且眼神时不时落在吊牌上，小李就清楚了：这名顾客想要质量稍好的内衣，但又觉得价格太贵。小李走上前去说："您穿的这件外套样式真别致！要不要我给您找一款适合您的内衣，您先试试，满不满意试穿之后再说。"小李立马选了一款，交到客户手中，顾客看到手里的内衣，也不好意思拒绝了，就走进了试衣间。

小李在门外说："您要是觉得不合适，我可以帮你再选其他的，有问题直接告诉我。"顾客试穿完出来说："看着挺好，就是觉得哪里不舒服。"小李说："哎哟！是我不好，看您皮肤这么嫩，我怎么能拿这么硬面料的！"又找了一款价格稍微低一点的说："这款内衣的布料比那个稍微软一点儿，您再试试怎么样！"顾客看到小李这么热情，而且这一款的价格也能接受，试穿以后就买下了。

在这个案例中，小李遇到两个不同年龄段的顾客，小李根据她们不同的情况，选择了不同的赞美的话，都及时抓住了顾客的心理，成功卖出了产品。小李赞美第一位年轻顾客，使她的购买过程更愉快；面对第二位犹豫不决的顾客，小李在维护顾客面子的同时还赞美顾客的皮肤好，顾客当然心满意足地买到了自己想要的东西。在实际销售过程中，我们应该怎么做，才能做到赞美及时，称赞得当呢？

第一，具体情况具体分析。赞美要根据顾客的不同情况进行，顾客有年龄、性别、价值观、经济状况、受教育水平、信仰、文化观念等差异，销售员要学会随机应变，选择适合顾客的话进行赞美。

第二，赞美不拖拉。赞美要及时，要给顾客发自肺腑的感觉，犹豫思考太久的赞美会让顾客觉得不够真诚，显得过于虚假。赞美的话放的时间太久就不新鲜了，赞美的作用也就不再那么有效了。

第三，从细节入手。赞美的话不能过于笼统，女性可以夸她嘴巴性感、皮肤紧致、指甲油好看、饰品有个性……男性可以夸他皮鞋很亮、说话幽默、领带好看、发型不错……也可以从客户办公室的装饰品入手，越是细节越是显得真诚。

拐弯抹角赞美术

人人都需要赞美，客户也不例外，在销售过程中，给客户一定的赞美，只要是由衷的赞美，就能给客户带来好心情，客户开心了，自然也就乐意与销售员交流。想要取悦客户，赞美客户的方式就不能千篇一律，如果总是用老一套赞美的话取悦客户，不但会让客户觉得不真诚，还会令客户觉得销售员说话没有新意，随之对产品的期望值也会降低。

客户一般都会被太多的陈词滥调赞美过，早就产生了免疫力，如果销售员还是用俗套的话赞美客户，是起不到应有的效果的。如果销售员能够从其他角度入手，拐弯抹角的赞美客户，能将客户夸得猝不及防。

拐弯抹角的赞美不是让销售员走弯路，而是让销售员换个方向找到赞美的捷径。拐弯抹角的赞美，需要销售员认真观察，迅速思考。活跃气氛的同时，抓住客户的心。

小力是房地产公司的一名销售员，对于每一次销售，他都抱着学习的态度，不断改进，不断积累经验。他负责销售的房子位于郊区，环境好，交通便利，前来了解的客户很多。

一位姓王的客户来到售房大厅，想买一套位于郊区的房子，小力便走上前去问客户有没有什么特别的要求，王女士说：“我是一名教师，就想要稍微安静一点儿的地方，能让我安心备课，也能在忙碌的工作之后好好休息。”

小力说：“正好，我们这儿有几套郊区的房子，离市区稍微远，但交通很便利，环境比较雅致，正好符合您的要求，我再给您讲讲户型和价格……”

王女士说：“房子挺好，可我觉得太贵了，我一个老师也挣不了多少钱，我还是再考虑考虑吧！”

小力说：“那行！您再考虑考虑，有什么想法随时给我打电话，这是我的电话号码。”

王女士离开以后，小力总觉得刚才自己应该再挽留一下的，应该再给她详细介绍一下目前的优惠价格，之后可能就会更贵，小力特别遗憾。

之后来了一位快要退休的大姐，想找一套离市区远一点儿的房子，退休以后和老伴儿住，好图个清静。小力就给她介绍了目前自己负责的郊区的房子，说：“这几套房子，户型都不是特别大，足够你们两口住，周末孙子来看您也能住下，很适合您。”

大姐说：“看起来是不错，但我要给老伴儿商量商量。”

小力说：“就知道您会这么说。”

大姐说：“你怎么知道？”

小力说：“您一看就是那种顾家的人，而且家庭很和睦。”

大姐很满意的笑了，说：“你这房子真挺好，我觉得我老伴儿也会喜欢，不知道价格方面有没有什么优惠？”

小力说：“您这看着我笑，跟我亲姐姐似的，我都怕把折扣给您多了。”

小力和客户介绍清楚优惠价格后，大姐很满意说：“你可把这房子给我留着，别卖出去了，我准备好钱给你打电话。”

在这个案例中，小力在面对第一个客户的时候，没有在适当的时候给客户赞美，也没有想办法挽留客户，留下了遗憾。之后，小力吸取教训，用拐弯抹角的赞美的话取悦客户。面对第二个客户的时候，客户想要再商量商量，小力抓住时机，巧妙地赞美客户顾家而且亲切，使客户特别愉快地完成了购买。

很多时候，销售员对客户的赞美可能与客户本身并不完全对照，但令客户愉快的，更多的是销售员的用心，即使是销售员善意的谎言，客户也会乐意接受。

在实际销售过程中，我们具体应该怎么做，才能够拐弯抹角地赞美客户呢？

第一，赞美要有凭有据。赞美客户的话不是凭空产生的，有凭有据的赞美才能取悦客户，如果只是用一贯的客套话，只会给客户拍马屁的感觉。

第二，不直来直去的赞美。客户听多了销售员赞美的话，如果我们还是一味地夸奖客户，客户会觉得乏味，不会产生赞美应有的效果。反而，如果我们多动动脑筋，换一换赞美的方式，给客户新意，就能给销售加分。

第三，注意细节。销售员不能觉得太细节的地方不值得赞美，往往对细节的赞美才是把握客户的关键。越是从细节入手，越是显得真实；越是细节，越能拐弯抹角地，在不经意间赞美客户。

欣赏式赞美

欣赏别人是一种尊重，对客户的赞美通过欣赏的方式表达，不仅仅能体现销售员对客户的尊重，更是销售员沟通能力的体现。如果赞美客户只简简单单地用夸奖的方式表达，就会显得平淡无奇。如果销售员用真心实意的欣赏来表达赞美，却能真正夸到客户心坎儿里。

莎士比亚说：“人的耳朵不能容纳良言，赞美却容易进去。”虽然赞美很容易打开客户的沟通之门，但赞美的话并不是随口一说，也不能太违心，赞美要从客户的优点入手，赞美的话也不能太过强硬，否则会给客户虚假的感觉。欣赏式赞美不仅仅要体现在话语中，还要表达在眼神和表情里，眼神真诚并微微露出一些羡慕，感情要自然流露不做作。

从细节入手的欣赏式赞美更引人入胜，如果销售员发现了其他人没有发现的客户的美，必然会产生意想不到的效果。有些销售员不懂得利用欣赏式赞美取悦客户，有些销售员赞美客户没有运用正确的方法，得不到客户的欢心。在销售过程中，类似这样的案例不在少数。

小梦是一家饰品店的销售员，基本上每个女生都抵挡不住精美饰品的诱惑，一旦偶遇饰品店，都会忍不住进去看一看，有时买上几件才会心满意足。小梦自认为很幸运，作为饰品店的销售员，基本上不用怎么招揽顾客，店里人流量很大，她只用介绍介绍价格就可以了，可一直提不上去的业绩令她很纳闷。

小梦接待客户，一般都是一个套路，客户进门的时候说：“欢迎光临！”客户挑选饰品的时候跟在客户后边，客户找不到想要的颜色，小梦就帮忙找一找，客户问价格的时候就介绍介绍价格，客户选中了的话就把饰品包装一下，收下钱，然后说：“欢迎下次光临！”小梦虽天天守在店里，但其实她还走了挺多的路，累得不得了业绩也不好。

后来她看了一本讲欣赏式赞美的书，就活学活用，业绩立马提了上来。这时，饰品店里进了一位大学生，打扮很时尚，小梦说：“我们这儿有许多新到的货，随便看看，美女！你这双鞋在哪儿买的？特别好看，我一直想要一双你这样款式的鞋，可惜都没找到。”客户说：“我这双鞋是定制的，应该买不着。”小梦说：“难怪看着这么特别，你眼光真好！”客户拿了一个毛衣链挂在身上看了看。小梦说：“这个毛衣链跟你今天的穿搭特别配！”客户说：“我也这么觉得，你帮我包一下吧！”

接待其他的客户，小梦都恰当地运用欣赏式赞美，巧妙地留住客户，渐渐地，回头客多了，小梦的业绩也越来越好。

在这个案例中，小梦就真真切切地感受到了欣赏式赞美的好处。最开始，小梦没有运用欣赏式赞美来吸引客户，总是留不住客户，更不用提回头客了，业绩一直提不上去。她接待那位大学生的时候，就通过欣赏客户独特款式的鞋，赞美客户的眼光好，给客户留下了好印象。接待其他的客户，小梦同样恰当地运用欣赏式赞美，业绩也提高了。

在销售过程中，我们应该怎么做，才能恰当的运用欣赏式赞美呢？

第一，赞美要真心实意。赞美应该是销售员真情实感的表达，对客户的欣赏更应该是真实感情的流露，表达的时候要真诚，无论是言语上、表情上，还是动作上，说话不能犹豫不决，应该眼神真诚、话语坚定，适当的时候还可以和客户有一定的眼神交流，切实有效的沟通，才能使赞美达到取悦客户的效果。

第二，从细节入手。赞美的话不能太笼统，会给客户拍马屁的感觉，从细节入手的赞美，更容易令客户接受，更容易让客户感受到真诚。比如：赞美客户的衣服扣子别致、对客户的发型表示欣赏、对客户领带夹的欣赏……

第三，欣赏要适量。欣赏式赞美的话不能频繁的进行，过多的赞美容易使客户产生免疫力，同样达不到赞美应有的效果。适时适量的欣赏，才能真正为销售增光添彩。

糖衣炮弹式赞美

被别人承认是每个人心理的本质需求，赞美可以拉进人与人之间的距离，能打开对方的心扉。普通的一句赞美的话就能令客户笑口颜开，客户当然更抵挡不了销售员的糖衣炮弹式赞美，这种赞美方式能把客户夸得心花怒放，客户自然会跟着销售员的销售思路走。

糖衣炮弹式赞美不是用模式化的套话赞美客户，而是发现客户的优点，从优点入手赞美客户，只是需要销售员用连环炮的形式将赞美的话说出去，弄得客户措手不及，让客户愉快的心情保持的时间长一点儿，这样才能起到糖衣炮弹的赞美效果。

有些经验少的销售员吝啬赞美的话，甚至是拉不下脸面进行糖衣炮弹式的赞美；有些销售员把握不好赞美的量和尺度，夸着夸着就离谱了，给客户留下特别不好的印象，给销售起到反作用。赞美虽说是一种没有成本的销售方式，但不能滥用，同样也不能太缺，赞美得少了起不到"攻陷"客户的效果，赞美得多了容易令客户反感。在销售过程中，类似这样的案例很常见。

小虹和小玲是同一柜台上的化妆品销售员，但两人的业绩却相差很多。小玲招待一位客户买BB霜，她拿出最贵的那款给客户试用，客户说："这个颜色我不喜欢，还有其他颜色吗？"小玲又拿出其他的颜色给客户看，客户挑了好大一会儿，一直没有找到自己喜欢的BB霜，很遗憾地离开了。小玲还抱怨这位客户太麻烦。

一位客户过来买口红，小虹通过询问了解到客户之前的口红牌子和色号，就给客户拿了一支稍贵一点儿、颜色适合客户的口红，说：“这款口红很适合你，而且是明星同款，回头客也很多，最适合像你这样有气质的女性。”小虹看了客户的表情发现客户还是很满意的，就给客户拿了一支试用口红涂了一下，客户说：“我觉得这个口红颜色太鲜艳了，显得很突兀。”

小虹说：“你肤色白，这款口红很适合你，觉得突兀是因为你今天没化妆，我给你化一个淡妆你就不会这么觉得了。”

客户面对热情的小虹，也不好意思拒绝。小虹给客户化妆的同时，了解了客户用的眉笔、眼影、粉底等一些化妆品的类型，化完之后，小红说：“你看，这样效果立马不一样了，这个妆配上你的气质，回头率肯定超高，我觉得这个眉笔颜色特别适合你，也带一支吧！听你说你的眼线笔会晕染，我们这的眼线笔肯定不晕染，特别好用。”

客户被小虹夸得都快要飘起来了，还哪管其他的，把小虹推荐的产品全买下了。

在这个案例中，两位销售员都是卖化妆品的，化妆品是女性很重要的装扮利器，当然会精心挑选出自己最满意的，而且女性是一种很虚荣的动物，面对赞美是毫无抵抗力的。小玲就没有明白这些道理，对待客户没有用赞美之术，更不用提糖衣炮弹式赞美了，小玲没有用赞美在销售过程中抓住客户的心，最终丢失了一位客户。

小虹就恰当地利用了糖衣炮弹式赞美，客户刚进店的时候夸客户气质好，试口红的时候夸客户肤色白，化完妆又夸客户吸引人的眼球。小虹将赞美的话表达在销售的整个过程，夸得客户心情十分愉快，以致无法拒绝销售员的推荐。在实际销售过程中，我们应该怎么做，才能用好糖衣炮弹式赞美呢？

第一，不吝啬赞美。想要达到销售目的，首先就要取悦客户，取悦客户的方式就是赞美，但不是只需要一句赞美的话，一句赞美的话只能算是礼节性的示好，不能达到取悦的目的。糖衣炮弹式的赞美才能愉悦客户的心。

第二，自然得体。赞美的话应该是销售员的自然流露，虽然赞美客户是销售员故意而为，但不能让客户感受到销售员的赞美很刻意僵硬，要通过自然的表达让客户感受到销售员的真诚。

第三，赞美的点不虚构。要能够在客户的身上找到赞美的理由，销售员虚构的赞美会给客户虚假的感觉，赞美的理由也不能太牵强，否则，销售员赞美的时候也不自信、不自然，同样达不到应有的效果。这就需要销售员有善于发现美的眼睛来发现客户的优点。

一针见血赞美术

渴望被赞美是人的天性，人被赞美后的心情会比没被赞美之前好上许多倍。拍马屁会给人矫揉造作的感觉，赞美客户需要销售员发自内心，才能起到赞美的效果。一针见血的赞美容易让客户感到真诚和愉悦，而且这种一针见血的赞美没有那么多迂回，能让客户直接听明白，还能让客户觉得销售员是个爽朗的直性子，能很快地产生信任感。

一针见血不是让销售员直接说大白话，一针见血的同时要起到赞美客户的效果。销售员赞美客户的时候，不能吞吞吐吐，否则会让客户感觉这种赞美不是由内心发出的，容易造成误解，给客户留下不好的印象。

有些经验少的销售员，没有完全掌握一针见血赞美术，想要变相赞美客户来体现心意，但语言没组织好，说了一大堆话也没表达清楚自己的真正意图，弄得客户一头雾水：如果说了一大堆话还让客户误解了自己的意思就更难挽救了。在实际销售过程中，类似这样的案例还有很多。

小芳和小兰是同一家化妆品店的销售员，有很多年轻的女孩子不太懂化妆的技巧和好处，就到店里来询问。店里同时进来了两名女生，小芳和小兰各负责一名客户，但最后的销售结果却完全不一样。

小芳的客户过来问："对于化妆，我一无所知，看到其他女生化了以后还挺好看，我也想试试。"小芳就给客户介绍了化妆的步骤，先用什么后用什么，介绍完之后，客户说："你说了一大堆，我也听不懂，我就想问你，脸上涂这么多东西，出汗了怎么办？对皮肤有伤害吗？"

小芳说："我们这儿有防水的，你不用担心出汗的问题，我要说对皮肤没有一点儿伤害，你肯定不相信，确实有那么一点儿！”

客户说：“我觉得我还是不化妆了，我得爱惜自己的脸。”

小芳说：“你本来就长得不错，再化上妆，多好看呀！”客户摇了摇头就离开了。

小兰的客户进门就对小兰说：“化妆方面我一点儿也不了解，我今天就听你说了！”

小兰说：“我说得再多也没有亲自体会、眼见为实来得可信，我直接给你化一个妆，你也能知道步骤，效果也看的到。”客户同意之后，小兰就很细心地给客户化妆，边化边讲解用法并介绍产品。化完之后小兰说：“素颜的女生再清纯，也比不上浓妆艳抹的人引人注目。你看你化完妆，清纯依然透的出来，比那些浓妆艳抹的又淡雅了很多。”

客户照了照镜子说：“化妆之后觉得自己变化好大呀！确实好看了许多，要不你就把你刚才用到的材料都给我拿一份，我要是都买，你能给我打折吗？”

小兰说：“当然可以！”

在这个案例中，两名客户，一个空着手离开，一个满载而归。面对两个同类型的客户，销售员不同的接待方式，就造成了不同的结果。小芳面对客户，只是单纯地告诉客户化妆品的用法，没有让客户真正体会到化妆的神奇效果。当客户提出伤害皮肤的疑虑时，小芳也没有想办法消除客户的疑虑，最终导致销售失败。

小兰面对客户，就用了一针见血赞美术。小兰直接让客户体会化妆的效果，在化妆的过程中给客户介绍产品，赞美客户的时候一针见血，把客户与素颜的、浓妆艳抹的人比较，衬托出客户的美，销售也就顺利成功了。在销售过程中，我们应该怎么赞美，才能做到一针见血呢？

第一，说话不啰唆。想要一针见血，销售员最好一句话示明用意，不要让客户在大篇幅的话中筛选赞美的话，客户会觉得销售员说话不干脆利落，会想销售员做事是不是也拖拖拉拉。一旦给客户留下这种拖拉的印象，就会对销售很不利。

第二，用词不能太尖锐。一针见血的话往往都直接明了，销售员不能因为想要达到一针见血赞美的最高境界，用一些尖锐的词来彻底表达自己的意思。这样会使客户觉得销售员说话不好听，即使听懂销售员赞美的话也愉悦不起来。

第三，要表现得自然。赞美客户就要使客户有真诚的感觉，语气要自然不夸张，表情要自然不做作，才能达到赞美的效果。

反向赞美术

赞美的话是每个人都很乐意听到的，客户当然也不例外。常规的赞美客户听的多了效果就会减弱，如果能够用反向赞美术来赞美客户，必然会给销售锦上添花。指责和批评是每个人都难以接受的，但如果能够把指责变成赞美表达出来，必然会比指责的效果更好。

反向赞美术并不是完全反向，不是用别人的不好来衬托客户的好，更不是先指出客户的缺点，再用客户自己的缺点来反衬客户的优点，这样就是多此一举，也会让客户觉得销售员不会说话，给客户留下特别不好的印象。反向赞美术是要求销售员通过一件不怎么完美的事，用合适的话变相赞美客户。

反向赞美术如果运用不好，很容易让客户觉得自己被嘲讽，这就需要销售员做出更多努力。有些销售员就不会用反向赞美术，给客户留下特别不好的印象，有些销售员就能够巧妙地赞美客户，赢得客户的欢心。在销售过程中，类似的案例很多。

小夏和小微是一家10元店的销售员，店里的产品种类特别多，又因价格便宜，前来购买的顾客特别多。小微发现一名顾客把化妆棉的包装袋打开检验质量，觉得客户应该会很喜欢这款化妆棉，立马走过去对顾客说："您还是我见到的第一个这么细心的顾客，还把包装打开检查。"

顾客说："不就是嫌我麻烦吗！我肯定给你装好放回去，你不用监督我了。"然后就离开了。

小夏正在给几个顾客介绍杯子，一位顾客不小心把杯子碰到地上了，杯子并没有碎。顾客还没来得及道歉，就听到小夏说："真是谢谢这位顾客，旁边儿这位顾客刚还在问我呢！说我们这杯子是挺便宜，就是不知道质量咋样？我正在犯难不知道该怎么说，您就帮我证明了，您真是体贴！"

这位顾客特别不好意思地笑了说："这质量真是特别好，这么高的地方掉下来都没碎，你们都放心买吧！"那几位客户买了杯子离开以后，那位撞倒杯子的顾客找到小夏说："真是对不起，把你们的杯子撞下来了，要不我把那杯子买下来吧，不然你们也卖不出去了。"

小夏说："说的什么话，你帮我解了围，我谢你都还来不及呢！你快看看你需要些什么，我帮你找找。"

最后那位客户买了些店里的其他东西离开了，之后还介绍了自己的朋友来店里买东西。

在这个案例中，小夏和小微就想到了要利用反向赞美术来取悦顾客，但小微因为用语不合适而造成了误会，被顾客误解，觉得小微在嘲讽自己，销售自然也就失败了。

小夏就恰当地利用了反向赞美术，赢得了顾客的欢心。顾客不小心把杯

子撞下来了，小夏没有立即去检验杯子的质量，而是借助这个机会赞美顾客体贴，帮助小夏解释了其他顾客提出的问题。小夏这种不经意的反向赞美给客户留下了特别好的印象，不仅使销售顺利了，还留下特别好的口碑。在销售过程中，我们具体应该怎么做，才能用好反向赞美术呢？

第一，保持微笑。现在销售过程中，销售员要一直保持微笑，反向赞美的话本身就很容易造成误解，如果销售员在反向赞美客户的时候突然露出微笑，客户就更容易觉得被嘲讽了，对销售很不利，所以，保持微笑对反向赞美术的运用是很重要的。

第二，赞美适当。反向赞美客户的时候，销售员很容易无中生有，赞美客户不具有的特点，这会令客户很反感，觉得销售员不真诚。所以对客户进行适当的、不虚构的赞美，是销售员特别需要注意的地方。

第三，结合语境。销售员想要用反向赞美术取悦客户，但赞美之前，销售员要考虑一下自己接下来想要说的赞美的话适不适合当前的语境，能不能达到成功销售的目的。如果客户根本就没有购买的意向，销售员还变着法儿的夸客户，会令客户很反感，销售也不会成功。

“借东风”赞美术

通过对方拥有的物品间接赞美客户，或者通过引入第三者来赞美对方，就是“借东风”赞美术。通过赞美客户身边的小事物，小到能让客户感受到销售员的企图，就等于是在赞美客户。通常，客户听到不认识的人对自己的赞美，比直接听到对方赞美自己更高兴。

赞美的目的是让客户感到愉悦，不需要销售员直接说出称赞客户的第三者的姓名，不乏有一些好奇心强的客户，有时候会找到销售员口中的第三者求证，一旦口径不一致，会损失客户的颜面，也会让客户觉得自己受到了欺骗。就算销售员虚构了一个第三者，对客户的赞美也是善意的谎言，销售员也应该完善好自己的话，不能让客户发现漏洞。

有些销售员用“借东风”的方法赞美客户，可用词却不是那么准确自然，让客户觉得销售员的赞美特别牵强，同样达不到赞美的效果。有些销售员嘴上赞美客户，眼神却不小心撒了谎，眼睛是心灵的窗口，销售员赞美是不是真心实意，眼神会告诉客户，所以赞美客户的时候，眼神要真诚自然，要敢于和客户对视，才能让客户真正感受到诚意。类似这样的案例很常见。

小可是一名女装销售员。正值夏季，店里新到了一批好看的裙子。恰逢周末，店里的客人很多，她发现一位戴帽子的顾客一直站在一款连衣裙前面，小可走上前去问：“请问，有什么需要帮忙的吗？”

顾客说：“我想试试这条裙子，可我找不到 XL 的，你帮我找找吧！”

小可找到裙子递给客户后，顾客说：“还要再麻烦你帮我拿一下帽子，我去试试衣服。”小可拿到帽子以后说：“您这帽子面料摸着真舒服，您可真会挑！”

顾客说：“得了吧！这是地摊货，有什么好的。”小可的脸一下就红了，想赞美一下客户，没想到被嘲笑了。顾客说：“我觉得这个裙子穿着不舒服，我再看看其他的。”说完就离开了。

小可想想自己刚才说的话，真是后悔极了，自己是个卖女装的销售员，竟然连面料的好坏都分不清楚，越想越羞愧。

小可随即来到另一位顾客跟前，帮这位顾客挑选合适的裙子，顾客穿上裙子从试衣间里出来以后，小可眼睛都亮了，告诉顾客说：“您身上背这个包真是太显气质了，再穿上这条裙子，简直就是仙女一样。”顾客一听这话，就咧开嘴笑了，说：“我也觉得挺好看，还是你家的裙子好！”小可说：“您就别谦虚了！群众的眼睛都是雪亮的，您穿出去试试回头率就知道了。”当然，顾客最后很愉快地买下了裙子。

在这个案例中，小可就用到了“借东风”赞美术，但在对待第一位顾客的时候，小可用得不是很恰当。小可想要通过赞美顾客的帽子来赞美客户，但赞美得太过着急盲目，一时没有识别清楚帽子的面料，还赞美了帽子的面料，进而令顾客很担心小可店里的衣服材质问题，销售也失败了。

面对第二位顾客的时候，小可没有犯上一次的错误，认真观察之后才说出了赞美的话，顾客从试衣间出来以后，小可没有直接夸顾客身上的裙子好看，而是从顾客的包切入来对顾客的气质进行赞美，把裙子当作配角，夸顾客更有“仙气”。这种“借东风”式的赞美，更能赢得顾客的欢心，但我们应该怎么做，才能更好地运用“借东风”赞美术呢？

第一，赞美要真诚。对客户的赞美应该是销售员真情的流露，只有让客户感受到真诚，才能赢得客户的欢心。虚情假意的赞美是可以从眼神中发现的，所以销售员赞美客户的时候要注意对眼神的掌控。

第二，赞美要有理有据。赞美客户不能凭空虚造一个理由，更不能赞美客户并不“美”的地方，这会使客户觉得自己没有被尊重，也会觉得销售员不专业。并让客户觉得销售员是在讨好自己，客户就会怕被销售员欺骗，迅速结束购买。

第三，要借对“东风”。既然是“借东风”赞美术，就要求销售员借对“东风”，如果销售员赞美的点正是客户讨厌的地方，或者销售员赞美客户时借助的第三者恰巧是客户讨厌的人，赞美效果就会正好相反。

第四章

幽默口才——愉悦环境的必备之术

幽默：打开客户拒绝之门

幽默对销售起到的良好作用是众所周知的。著名心理学家佛洛伊德说过："笑能给予我们精神快感，它可以把一个充满能量和紧张度的有意识过程转化成一个无意识的轻松过程。"销售员与客户沟通的过程中，要善于利用幽默的话，愉悦客户的心情，消除客户的顾虑，使交流更轻松。幽默能打开客户的拒绝之门，带来好的销售结果。

幽默能够使销售员在较短时间内赢得客户的好感和信赖，幽默是销售员自信的表现，也是销售员沟通能力的体现。客户对产品或服务不满意的时候，销售员适当地幽默能够化解尴尬的气氛，能够缓解客户的焦虑和犹豫。幽默是需要积累的，幽默不是随口的一句玩笑话，幽默的取材也要清新高雅，拒绝粗俗。

当客户走到拒绝的边缘时，销售员可以利用幽默感为客户提供转身的方向和意向，既活跃了气氛，又为销售开辟新路。幽默是销售过程中的金钥匙，能快速打开客户的拒绝之门。但幽默也要掌握好度，适时适量适度的幽默才能作为沟通的调节剂，一旦幽默有失分寸就会得不偿失。

小龙是一名卖袜子的销售员，他是一个乐天派，刚进公司的时候，他被派到路边摆摊子卖袜子，他就恰当地运用了自己的幽默细胞。他问路边的顾客："您知道这世界上谁最可怜吗？是袜子！天天被踩在脚下，我们应该对它们好一点儿。”小龙每天用各种各样幽默的话吸引顾客前来选购，业绩特别好，很快升职了。

公司不再让他摆地摊了，让他寻找有袜子需求的商店，批量推销。小龙听朋友说一家服装店准备改行卖袜子，小龙便前去与服装老板推荐自己公司的袜子。

刚进门，服装店老板说：“要买衣服吗！我们店现在清仓处理，随便挑，价格好说！”

小龙说：“老板，听说您要改行卖袜子了？”

服装店老板说：“对呀！只是货还没到，你过两天来，就能买到袜子了！”

小龙说：“老板！我今天就是带着袜子来的，我们公司有各种款式的袜子，我给您介绍介绍！”

老板说：“呦！卖东西卖到我店里来了，我已经订过货了，不用再看你的了！”

小龙听到老板拒绝自己的话，动了一下脑筋，说：“老板！吃饭一般都是吃着碗里的，看着锅里的，我这都给您盛好了，您不尝尝？”

老板说：“挺会说话呀！那行，瞧瞧！”

小龙说：“得嘞！我们公司的袜子都是由原创设计师设计，在市场上绝对是独一无二的，您好好看看……”

小龙和老板交谈很愉快，老板也很爽快，觉得产品不错、价格合适、销售员很幽默，当场付了定金。

在这个案例中，小龙就恰当地运用幽默，为销售增光添彩。小龙摆地摊的时候，用幽默的话吸引顾客购买产品，因业绩好升了职。在之后批量销售的过程中，同样巧妙地利用幽默。在老板拒绝的时候，小龙没有慌忙，没有紧张地不知所措，也没有直接离开，而是沉着冷静，用幽默的话打开了客户的拒绝之门，最终完成了交易。

在销售过程中，销售员被拒绝是很常见的，而幽默就是一种打开客户拒绝之门的好方法。我们具体应该怎样做，才能用幽默打开客户的拒绝之门呢？

第一，镇定自若。客户拒绝销售员的时候，正是考验销售员心理素质的时候，一旦销售员慌张沮丧甚至离开，销售失败就在所难免。但如果销售员镇定自若，用幽默的话，缓解当前尴尬的氛围，迅速赢得客户的好感，就有望将客户的拒绝之门打开。

第二，语言高雅。如果销售员想要用幽默的话来化解尴尬，或者缓解客户的紧张焦虑，销售员一定要注意用语，幽默不是随便开玩笑，不能粗俗，要清新高雅，否则会对销售起到反作用，给客户留下不好的印象。

第三，适时适量。幽默的话不能过量，否则会给客户留下轻浮的感觉；客户正认真表达自己的意见或者提建议的时候，销售员也不能用幽默的话来回答，这是对客户的不尊重，会影响销售结果；客户想要拒绝的时候，如果一两句幽默的话没有将客户的心拉回来，就说明客户的购买意向很不强烈，不能一直纠缠客户。

自嘲：嘲笑自己，化解尴尬

幽默是一种特别富有感染力的表达艺术，它在人际交往中的作用是不可低估的，人们大多喜欢和具有幽默感的人打交道，因为他们能够给我们带来身心上的愉悦和轻松。自嘲，就是一种独特的幽默方式。能够自嘲的人必定具有很多幽默细胞，通过自嘲，能够活跃沟通气氛，也能打破沟通的僵局。

在销售过程中的自嘲，就是销售员通过嘲笑自己而间接夸赞客户，以达到活跃气氛、愉悦客户的作用。自嘲的同时，要求销售员把握好度，要避开客户敏感的话题，也不能在自嘲之后把话题拉远了，冲淡了与客户交谈的真正目的，不仅不能体现一个销售员应有的职业素质，对销售也没有好处。

有些销售员选择的自嘲话题不合适，嘲笑自己的同时也间接否定了客户，给客户带来坏心情，造成不好的结果。销售员自嘲的时候应该面带微笑，笑容是幽默感的第一呈现，有些销售员自嘲的时候一本正经，完全没有表现出幽默感，可能会使原本很尴尬的局面变得更尴尬。类似这样的案例在销售中很多。

小东是一名帽子销售员，各式各样的帽子弄得人眼花缭乱，前来试戴帽子的客户很多。

小东看到一位客户站在镜子前面，左手拿着一顶英伦范大檐帽，右手拿着一顶贝雷帽，轮着戴在自己头上，还时不时地皱眉思索，小东明白这位客户是在犹豫，就给客户说："你戴上这顶大檐帽显得特别有范儿，这顶贝雷帽就显得很文艺，有画家气息。我建议你选这顶贝雷帽，别具一格，像您这种身材娇小的就会显得更有韵味。像我这种皮肤黑的，戴上去只会显得更黑，哪像您……就不黑。"这句话说完两人就尴尬了。

客户听了小东的话说："我是不黑，但我黄呀！戴上去好像也不那么显白，这顶大檐帽显得我更矮了，我还是不要了吧！"

小东真是后悔刚才自己走过去插话，本来想通过嘲笑自己让客户高兴点儿，谁知说错了话，损失一名顾客。

小东又看到一名客户在试一顶圆顶礼帽，拿起来试了以后，又放回去，又拿起来试，小东就走过去对这位客户说："这种圆顶礼帽特别适合您这种头不大的人，像我这种头大的人，喜欢也戴不上。"说完就把帽子戴在自己头上，连头发都盖不住。客户看到小东戴上帽子，感觉特别滑稽，噗嗤一下就笑出来了，说："不好意思！没忍住！"

小东说："你戴上帽子那么好看，关键自己还喜欢，不收入囊中才后悔呢！"

客户又戴上帽子看了看，然后开心地买下了帽子。

在这个案例中，小东就是运用自嘲的方式取悦客户。但面对第一位客户的时候，小东的话说得并不是那么合适，原本客户很喜欢手里拿的两顶帽子，但小东说客户身材娇小，戴上贝雷帽更好看，客户就放弃了那顶大檐帽。小东为了让客户更坚定地认为贝雷帽更好看，就嘲笑自己肤色黑，却没有观察到客户的肤色也不白而且有点儿黄，就像是小东直接揭出了客户的缺点，客户就很不开心地离开了。

面对第二位客户的时候，小东发现了客户的犹豫不决，就走过去，把帽子戴在自己的大头上，搞笑的样子立马取悦了客户，客户又对比了一下自己戴上帽子的样子，最后很满意地买下了。在销售过程中，我们应该怎么做，才能运用好自嘲的方法，打开客户的拒绝之门呢？

第一，面带微笑。销售员试图用自嘲的方式化解尴尬的时候，一定要面带微笑，如果自嘲的时候一本正经，可能会让客户觉得你是在诉说自己的可怜，甚至会让客户觉得你是在嘲讽。面带微笑才是自嘲的时候应该持有的表情。

第二，用词恰当。销售员要选择合适的话题进行自嘲，不能触碰客户的敏感点，这就需要销售员善于观察，并想办法多了解客户，一旦自嘲的话题选择不当，会显得对客户不尊重，甚至会让客户觉得自己被嘲讽了，还不如不自嘲。

第三，明确目的。销售员的首要目的是销售，自嘲是为了调节气氛来使销售更顺利。恰当的自嘲的确会使人的心情变得很好，但销售员一定不能自嘲上瘾，一旦被自嘲麻痹了心灵，销售目的也就模糊了，不仅没有体现自己的职业素质，对销售也很不利。

诙谐：诙谐沟通，摆脱困境

懂得诙谐沟通的销售员，能够在沟通陷入困境的时候轻松愉悦客户。诙谐沟通的能力，能够体现销售员的思维、机智和自信。当客户烦躁不安的时候，诙谐的话语能够给予客户一定的抚慰：当客户对产品感到不满意的时候，诙谐的话语能够化解当时的尴尬。

懂得用诙谐的话语调节气氛的销售员，都能够在短时间内赢得客户的欢心和信赖。但诙谐沟通的能力不是一蹴而就的，是需要销售员不断积累学习的。诙谐沟通时，要选对合适的话题，张弛有度，销售员想要活跃气氛的本意是好的，如果选错了话题，使双方处于更加尴尬的氛围里，就会对销售很不利。

有些经验不丰富的销售员，活跃气氛的时候，选择了与当时谈话完全不相干的话题，就显得很唐突、很做作，效果很不理想。有些销售员选择一些很俗套的段子活跃气氛，客户已经听过很多次了，同样起不到化解尴尬的作用，反而会更冷场。类似这样的案例不难见到。

小吴和晓峰都是保险销售员，小吴和一位客户相约详细谈一谈保险的事，刚开始小吴介绍的很顺利，可不知怎么回事，与客户谈着谈着就冷场了，小吴想调节一下气氛，就说："我长得五官端正，美中不足就是脸上长了很多痘痘，不像您……"这一句话没说完，小吴就后悔了，小吴只想着想办法逗逗客户，就没注意看客户脸上的痘痘比小吴还要多，这下局面就更尴尬了，小吴刚想要道歉解释，客户就离开了。

晓峰的用语就比小吴恰当多了，她也约了一位客户谈合作，晓峰正给客户介绍保险，客户接到婆婆的电话，客户婆婆说她下了班不回家做饭、看孩子，就只知道在外边儿瞎玩，弄得客户很不开心，晓峰看到客户不开心，心里也很不是滋味，就说："唉，我婆婆也是这样，我的工作不是正常上下班，每天不是早了就是晚了，我婆婆总说我在外面瞎玩不顾家，她们是不知道我们有多辛苦！不过后来我就想开了，我又不是人民币，怎么能让人人都喜欢我呢！”

客户一下子就笑了出来，“你说得真对，我们又不是人民币！”

客户心情好了一点儿之后，晓峰继续给客户介绍保险，客户好几次都说：“你怎么这么逗！”在这种很欢乐的气氛下，很快她们就达成了合作。

在这两个案例中，两位销售员都是卖保险的，两个人都用诙谐的话调节气氛，效果却截然不同。小吴也知道诙谐的话是一种特别好的调节气氛的方式，但她没有选对话题，没有注意观察客户，嘲笑自己脸上痘痘多的同时也戳中了客户的痛处，使客户的自尊心受到伤害，阻碍了销售进程。

相比而言，晓峰就很恰当地用诙谐沟通的方式愉悦了客户。客户因为婆婆的电话而面露沮丧，晓峰没有在客户面前讲婆婆的坏话来取悦客户，而是讲了自己同样的遭遇，来表示理解，又比喻自己不是“人民币”，不能让人人都喜欢自己。很快就把客户弄开心了，还给客户留下了特别好的印象，合作也就顺利达成了。

诙谐作为一种特别好的化解尴尬的方式，很受销售员青睐。在实际销售过程中，我们应该怎么做，才能正确运用诙谐来摆脱困境呢？

第一，选择正确的话题。诙谐虽然有效，但不是销售员随口一说就可以的，说话之前，要认真观察、细心体会，反复考虑自己选择的话题与当时的气氛搭不搭配，会不会戳到客户的痛处。只有选择了合适的话题，调节气氛的目的才能达到。

第二，不落入俗套。诙谐的话不能太俗套，不能选择那种很多年前流行的、或者大众特别熟悉的段子，这样会让客户感觉特别没有新意。销售员应该多看一些相声小品类节目，多培养一些幽默细胞，把诙谐的话说得有特色

一点儿。

第三，注意表情。诙谐的话说出的同时，还要面露微笑。如果开玩笑的时候还一脸严肃，就会显得特别虚假，根本达不到调节气氛的作用，甚至会加重尴尬。而且，微笑不是装出来的，而是从内心发出的，只有这样诙谐才能起到作用。

反语：正话反说，顺理成章中显智慧

反语，就是说出的话跟实际要表达的意思完全相反，表面贬斥，其实是褒扬；表面否定，其实是肯定；表面是说缺点，其实是说优点。这是一种幽默的表达方式，在想要提出要求、表达意见的时候，用一种含蓄委婉的方式表达出来，话语风趣，容易产生出人意料的幽默效果。在销售过程中用反语来提出要求，不失为一种聪明的表达方式。

在销售中使用反语，需要销售员格外小心谨慎。反语不是对每个客户都能说的，有些客户本身就不爱开玩笑，也不爱听别人开玩笑，如果销售员对这些客户说了反语，客户会认为自己没有得到尊重，甚至是开始讨厌这个销售员，对销售很不利。在没有了解清楚销售员的性格之前，就不要轻易把反语说出来。

有些销售员就明知山有虎，偏向虎山行，觉得自己这句反语在其他客户身上都起了效果，这次一定也行，话一说出口，就引起了客户的不满。有些销售员说了一句反语后，觉得效果不错，又接二连三说了好多反语，这就会给客户油嘴滑舌的感觉，同样不利于销售。类似这样的案例还有很多。

小强是一名电脑销售员，正在接待一名女性客户，这位客户想要一个配置高一点儿的电脑，带有光驱，能够手写，如果电脑是红色就更好了。小强说："正好我们这儿有一款刚到的货，很符合你的要求，有黑、白、红、黄四种颜色，我拿来给你看看！"客户看了电脑以后问："这个电脑多少钱？"小强说："就不告诉你，你还没对我使美人计呢！"客户很生气，说："我好不容易抽点儿时间过来买电脑，怎么遇上你这么轻浮的人呢！"客户说完就走了。

小光是一名手机销售员，跟小强年龄差不多，但他说反语的水平却比小强高多了。小光接待的也是一名女客户，这位客户想买一款像素高的手机，小光就给她推荐了店里像素最高的手机，但客户觉得手机屏幕有点儿小，小强说："这儿有一款屏幕大一点儿的手机，但像素相比这个而言就稍微低一点儿。"客户说："那你拿给我看一下吧！"客户看了一下觉得这个像素也不错，就问小光："如果买这个手机，会送什么东西？"

小光说："送充电器、耳机、钢化膜，还有一个充电宝。"

客户说："挺好！可是，能不能再送我一个手机壳？要不手机不防摔还得找你保修。"

小光说："那行！就再送你一个手机壳。"

客户说："谢谢啦！"

小光说："别谢！你这一谢，我还怎么找你要钱？"

客户一听，笑着把钱递给了小光。

在这两个案例中，两位男性销售员面对女性客户的时候都用了反语，小光销售成功了，小强却销售失败了。小强也知道运用反语来活跃气氛，可他用反语的时候，没有注意他这句反语适用的对象，反而给客户轻浮的感觉，马上成功的销售却失败了。

小光反语的运用就充满了智慧，客户已经选定了自己想要的手机，甚至连手机之外的赠送都商量好了，小光不想直接生硬地向客户要钱，怕破坏气氛，就用反语间接地提示客户，不仅达到了自己想要钱的目的，也没有伤了大家的和气。

像反语这种充满智慧的幽默表达，需要销售员注意的地方很多，我们究竟该怎么做才能运用好反语呢？

第一，注意分寸。无论说什么话都要注意分寸。销售员说的反语不能太离谱，否则会令客户觉得轻浮。说反语之前，要充分了解客户的性格、当下的形势、客户的心情，反复考虑自己准备的反语会不会伤到客户，说了以后能不能达到自己想要的效果。

第二，反语要适量。说反语不像是吃糖，越多越甜、越多越开心，反语说多了，会给客户油嘴滑舌的感觉，会使客户觉得虚假，会想：销售员在合作方面会不会也说了很多中听不中用的话。会造成对销售员的不信任，对销售很不利。

第三，面带微笑。反语既然是幽默的一种表现方式，就需要销售员说反语的时候面带微笑，微笑的感染性，加上反语的幽默效果，就能为销售增光添彩。

夸张：夸张比喻，激发客户欲望

在销售过程中，幽默是一种特别好的调节剂，它能够使双方的沟通气氛变得更愉快，客户心情高兴了，销售效果自然也会特别好。其中，夸张比喻就不失为一种特别好的表达幽默的方式。夸张不是那种不切实际的话，而是一种赞美客户的方式，但其中又透着幽默和真诚，比普通的幽默更上一层台阶。

夸张比喻的话，要求既夸张形象，又不虚假。夸张比喻不是吹捧，而是用一种别具一格的方式激发客户的购买欲望。在进行夸张比喻的时候，销售员说话要自然不做作，给客户真实的被赞美的感觉，但多数销售员赞美的时候做不到张弛有度，不是赞美得太虚假，可信度不够，就是赞美得不到位，没有达到激发客户欲望的作用。

不少经验少的销售员没有运用好夸张比喻的方法，造成了很不好的影响。有些销售员为了取悦客户，东夸张赞美一句，西夸张赞美一句，弄得客户认为销售员极其浮夸和虚伪，吓得立马逃离销售现场。还有一些销售员想要更好地达到激发欲望的效果，就夸张得过了头，对销售很不利。在实际销售过程中，类似这样的案例还很多。

小星是一名服装销售员，她白天上班，晚上回到家还读一些销售方面的书，以便学习些销售技巧。夸张比喻就是她新学到的方法，总是尝试着运用。

一位客户相中了店里一件设计得像花一样的衣服，但又觉得自己穿上有点显胖，小星就说："您穿上这件衣服，好看得花儿都为您凋谢了！不会显胖的！"客户听了小星的话，又看了看这件衣服，就说："这衣服好像就是有点儿太招眼了，你说花儿都凋谢了还是有点儿道理的。我还是看看其他的吧！"说完又看了看店里的其他衣服，没有中意的就离开了。

小星是真后悔自己刚才说的话，不仅没成功激发客户的购买欲望，还变相赶走了客户。

第二位客户进店以后，小星想说的每一句话都提前认真考虑好久。这位客户试穿了一件长风衣，这位客户是瘦高型的，把风衣穿得特别有型，客户说："这风衣是不是有点儿太长了？都显不出我的身高优势了！"小星说："您又瘦又高，风衣又长，特别显气场，穿上风衣迎风一走，那气场简直就是女王。"

客户笑着说："是吗？我走一下你看看。"

客户昂头挺胸，只在店里走了几步就有好几个客户回头看，客户很高兴，就买下了风衣。

在这个案例中，小星对待客户的时候，都尝试用夸张比喻的方法来激发客户的购买欲望，但在对待第一个客户的时候，因为没有摸清客户的心理，所以失败了。第一位客户觉得衣服有点儿显胖，小星就想夸张一点儿来表示客户穿上衣服有多美，转移一下客户的注意力，不小心夸张过了头，使客户觉得衣服太显眼，就放弃了购买。

在面对第二位客户的时候，小星的比喻就没有之前那么夸张，客户觉得衣服太长，小星就夸张地说客户穿上这长风衣气场特别强，就像是女王，夸得客户特别高兴，客户还尝试走了几步来验证销售员说的话，最终很满意地买下了风衣。在实际销售过程中，我们应该怎么做，才能用好夸张比喻的方法，激发客户的购买欲望呢?

第一，比喻要夸张且有依据。销售员想要用夸张比喻的方法激发客户的购买欲望，就要确保自己语言的真实性，客户是产品的购买者，对销售员说出的夸张比喻是有想要求证的渴望的，只有让客户真正体会到了产品的优点，才能成功地激发客户的购买欲望。

第二，自然不做作。用夸张比喻的方法的时候，销售员的表情动作不能与之前的表现有太大不同，还要与客户进行一定的眼神交流，只有让客户在细节中体会到了销售员的真诚，销售员才能真正地达到目的。

第三，夸张适度。夸张不能太多，容易让客户觉得销售员是在拍马屁，而且还会给客户油嘴滑舌的感觉。也不能过于夸张而让客户觉得不真实，不仅不能达到激发客户购买欲望的作用，还会对销售产生负作用。

反差：反差对比，促进销售顺利进行

在销售过程中，销售员可以利用反差对比的方法，巧妙地吸引客户的注意力，激发客户的欲望，促进销售的顺利进行。客户总是对平淡无奇的东西

不是特别感兴趣，反而会对那些新奇的、与众不同的东西有特别大的好奇心。销售员就可以利用客户的这一心理特点，抓住客户的兴趣所在，激发客户的购买欲望。

反差对比的方法，不是让销售员用自己产品的优点，来对比反差出其他产品的不好，更不能说客户不好。销售员应该反差对比出自己产品独有的、其他产品没有的特点，不贬低其他产品，不仅夸赞了自己的产品，也体现了自己的沟通能力，更是对其他竞争对手的尊重。

有些经验少的销售员，就运用不好反差对比的方法，这种方法可以用幽默的方式表达出来，但不能太过夸张，为了彰显自己的产品，用词太离谱，就显得不那么真实，不能赢得客户的信任。还有一些销售员，夸自己产品的时候，顺便贬低了自己的竞争对手，这种话会让客户觉得销售员对别人不尊重，就不能激发客户的购买欲望了。在销售过程中，类似这样的案例还有很多。

小曹是一名白酒销售员，虽然小曹酒量不佳，但对白酒是很了解的。一般他都会去一些烟酒副食店，或者超市里推销自己的产品。他来到一家烟酒副食店里，给老板介绍自己带去的白酒，老板说："你不用给我介绍，我对白酒的了解也不比你少，你就给我说说，我为啥要买你的酒，不买别人的酒？"

小曹一听这话，觉得老板不太倾向于购买自己的酒，就想活跃一下气氛，说："因为我的酒白，让人越喝越白！哈哈！"

老板说："算了算了，你走吧！连一句正经话都说不出来，还让我买你的酒？"

小曹当时真是有口难辩，又想了一下才明白，当时老板给自己机会说酒的优点，自己却说了玩笑话，后悔极了。

小曹又来到一家超市，给超市的负责人说明自己的用意后，超市负责人说："你自己看看我们的白酒柜台，多你一个不多，少你一个也不少。超市里顾客这么多，他们又怎么能一眼看到你的酒呢？"

小曹说："我们公司的酒都穿着绿色衣裳，万红丛中一点绿，您说耀不耀眼，放在您的柜台里，肯定能让您盈利很多。"

超市负责人说："这酒的包装还真是挺特别，我给我们总经理说说，你明天过来，我们好好商量一下。"

在这个案例中，小曹就想到了运用反差对比的方法吸引客户的注意力，但他在与第一位客户沟通的时候，反差对比的方法用的就不是那么合话。第一位客户问小曹产品胜过别人的地方是什么，小曹说自己公司的白酒比别人的白，酒的色泽虽然是评价酒质量的一部分，但这句话很显然就是一句玩笑话。小曹的回答没有令客户满意，也就损失了这个客户。

面对第二位客户的时候，小曹的用语就合适多了，小曹说自己公司的白酒包装比较特别，不同于其他白酒的红色包装，用了能够吸引眼球的绿色，就激发了客户的购买欲望。在销售过程中，我们应该怎么做，才能用好反差对比的方法，成功的激发客户的购买欲望呢？

第一，合理用词。用反差对比的时候，用词一定要合适，这时是销售员指出自己产品优势的时候，如果在关键的时刻跟客户开玩笑，就会给客户玩世不恭的感觉，销售效果就会大打折扣。所以，销售员用词一定要合理，不能说得太含蓄，也不能开玩笑。

第二，保持尊重。用反差对比的方法的时候，不免会与同行业的其他产品进行比较，比较的时候不能贬低其他产品，不能用自己的优点反差其他产品的缺点，这样会给客户留下特别不好的印象。对别人的尊重都做不到，就不用提激发客户购买欲望的事了，更不用说销售成功了。销售过程的每时每刻都要体现出销售员的职业素养。

第三，话语简洁。用反差对比方法的时候，要简洁明了地告诉客户自己产品的优越之处，不能说太多无用的话，否则会给客户筛选信息带来麻烦，也会给客户留下不好的印象。

逆转：逆向说话，体现新意

逆向说话，是一种独特的沟通方式。它要求销售员有逆转思维的能力。销售员如果将这种独特的思维方式，用合适的语言表达出来，能够给客户耳目一新的感觉，对销售有极大的帮助。逆向说话就像是“欲擒故纵”，如果能合理利用这一方法，对销售来说无疑是好事一件。在销售过程中，客户可能会提出他认为的产品的缺点，如果销售员能够逆向说话，转而将这一缺点转变成优点，既能激发客户的购买欲望，也体现了销售员的沟通、思维能力。

客户在购买产品时，不免会有一些犹豫：这些东西买了有没有用？会不会太贵了？会不会是假货？会不会过几天就不喜欢了？等等一系列的心理斗争。这时就是销售员上场的时候了，需要销售员用警醒的话来提示客户，告诉客户产品的好处和实惠，在此之前销售员可能就已经很清楚地给客户介绍了产品的各方面信息，销售员可以逆向说话来给客户新意，挽留住客户的心。

在使用逆向说话的方法销售的时候，有些销售员用得就不是很恰当，造成了很严重的后果。一些销售员看到客户站在原地犹豫了好久，就告诉客户说："你不买就别挡着别人买，反正这机会以后不多了！"客户一听这话就觉得销售员在赶自己离开，一些脾气火暴的客户就有可能直接跟销售员吵起来，影响特别不好。有些销售员就能用好逆向说话的方法，顺利地完成销售。在销售过程中，类似这样的案例还很多。

小朱是一名服装销售员，节假日期间，店里在搞优惠活动，反季的、当季的服装折扣幅度都很大，前来购买的客户很多。一名女顾客来到店里，看中了一件反季的羽绒服，原价1098，现在只卖598。大热天的，顾客穿着羽绒服站在镜子前面照了好大一会儿，都还没有决定到底要不要买下。小朱已经告诉过顾客："冬天的时候，这款羽绒服卖得特别好，就是因为现在是节假日，而且是反季服装，才会这么便宜，错过了可能就遇不到了。"

顾客说："我现在很喜欢这件羽绒服，而且还这么优惠，可我就怕到冬天我又不喜欢了。"

小朱说："你现在喜欢它就肯定有喜欢它的理由，而且人的审美也不可能一下子变得特别多。要不你就等到冬天再过来买，只是要再多掏500块钱。"

顾客说："对呀！多500块呢！省下来的钱还能买些其他我想要的东西呢！"

小朱说："你想想这500块能买多少好吃的？"

顾客又思考了一会儿，最终说服自己买下了羽绒服。

在这个案例中，小朱就巧妙地利用了逆向说话的方法，稳稳地抓住了顾客的心思。顾客看到衣服折扣的时候是很满意的，对衣服的质量、样式也满意，只是觉得这是反季的衣服，担心自己到该穿这件衣服的时候又不喜欢了。

小朱想要说服客户买下衣服，但小朱并没有用平铺直叙的话说服客户，而是用富有新意的逆向说话的方法吸引客户，小朱让顾客冬天的时候再过来买，只是价格会高许多。

顾客一想到要再多付500块钱，就把自己的担心抛到脑后了。小朱的这一逆向说话，一下就把客户的心拉了回来，顾客就会觉得这个销售员说的话很有新意，没有用过多的话攻陷自己，销售自然就成功了。在销售过程中，我们要怎么做，才能恰当地运用逆向说话，体现新意呢？

第一，不落俗套。销售员销售产品的时候，销售用语不能让客户觉得索然无味，客户想要得到的不只是令自己满意的产品，还有令自己享受的服务。想要体现新意，就要了解客户的心里所想，才能不落俗套。

第二，逆向思维。逆向思维要求销售员换个角度看问题，在挽留客户的同时，体现新意。当客户觉得对产品的个别地方不是很满意的时候，销售员不能狡辩说客户理解错了，销售员可以运用逆向思维，告诉客户，如果产品按照客户的要求做了改动，反而在另一个方面产生了更不能使人接受的缺点。对比出目前产品的好处，就能够用独特的方法抓住客户的心。

第三，用语不能过于偏激。逆向说话和我们日常的说话方式有很大不同，就要求销售员组织好语言，用合适的话抓住客户的心。不能因为考虑不完善而用不合适的话激怒客户。

第五章

诚挚恳切——真诚的语言更有说服力

用你的热情，融化客户的冰雪

都说热情似火，销售员的热情更是一把火，能够融化客户内心的冰雪。热情是你拥有的最宝贵的财富，它远远超过金钱和势力。销售员的热情可以化解客户的偏见和敌意，扫除销售过程中的种种障碍。或许你在心中已经给热情留有一块位置，但可能客户还体会不到，这就需要销售员壮大自己热情的力量。

大多客户都是抱着试试看的态度来听我们介绍产品，还有一些客户爱货比三家，这时就是销售员的热情发挥重要作用的时候，要用我们的热情征服客户。我们的产品与同类型的其他产品相比，有优势也有劣势，但销售员的热情必会是打败其他产品的必杀技。客户一开始购买我们产品的决心还不大，一旦被销售员的热情包围，客户的雪就再也冷不起来了。

销售员要用各种方式向客户表达积极主动和友好相待的态度，深入了解客户提出的每个问题，用自己的每个举动来表达热情，与客户握手的时候，要大方有力，自然地打心眼儿里欢迎客户。和客户说的每一句话都要发自肺腑，要让客户每时每刻都能体会到销售员的热情。

艳丽原本是一名家庭主妇，听朋友说卖保险特别赚钱，就来到保险公司做起了一名销售员。她觉得卖保险就是拉拉客户、介绍介绍业务，保险是一个对客户有利没弊的产品，肯定很好卖。

艳丽刚进入这一行经验不足，费了千辛万苦终于找到一个有点儿兴趣的客户。艳丽在家带了几年孩子，也不会什么花言巧语，就实打实的给客户介绍了好几种超级划算的保险，有小孩儿的有大人的，艳丽说得口干舌燥，销售却没有什么特别大的进展。客户借口自己还有别的事就离开了。

艳丽的第一个客户就没成功，垂头丧气的，公司一个经验丰富的销售员王姐看到艳丽无精打采的样子，就给艳丽讲了自己刚推销成功的客户。

王姐推销的这个客户是一名职业女性，工作很忙，家里还有一个正在上幼儿园的孩子，这位客户买保险的意向也不是很明确，王姐就每天下午在幼儿园门口等待接孩子的客户，还给客户的孩子买好多好吃的，顺便给客户提一提保险的事，一连追着客户推销了5天才成功。每天王姐都笑脸相迎，又是逗小孩儿开心，又是给客户说好话，夸客户衣服搭配的好，夸小孩儿懂事，把热情全都用在客户身上了，好不容易才成功。

在这个案例中，艳丽和王姐的客户购买意向都不是很明确，但艳丽对待客户就没有王姐热情，艳丽只是平平淡淡地给客户介绍保险，虽然也付出了很多努力，产品介绍的也很详细，但并没有用自己的热情打动客户，积极吸引客户的注意，最后就落得销售失败的结果。

经验丰富的王姐就恰当地利用了热情这一工具，抓住客户的心，从客户的小孩儿入手，真心热情地对小孩儿好，客户看在眼里，就会体会到王姐热情的心，又被王姐赞美的话包围，销售成功也就理所当然了。

热情就像是销售成功的金钥匙。但在销售过程中，我们应该怎么做，才能让客户体会到我们的热情呢？

第一，从细节入手。热情不是只热情一下就好了，要体现在销售过程中的每时每刻，体现在销售员的一举一动中，要让客户一直体会到销售员的热情，刚见面的时候，握手要有力，交谈的时候，要一直积极乐观，注意自己的每个眼神和动作，即使在结束会面的时候，销售员也要热情地期待与客户的再次相见。

第二，培养自己热情的态度。销售员要培养自己深入挖掘问题的习惯，对客户的问题进行深入了解，销售员了解的越多，兴趣也就越多，客户就越能体会到销售员的热情。销售员的微笑要积极活泼，传递给客户热情和正能量。热情需要销售员不断培养，要让客户被销售员的热情感染，促进销售成功。

第三，不怕拒绝。无论做任何事都不是一蹴而就的，都需要不断努力，更何况是销售。销售员要拥有一种不被击败的热情，无论如何都不减退的热情。销售员要不怕拒绝，不停地努力，用热情打动客户，继而转变客户的思想。

该承诺时要承诺

在目前激烈的商场竞争中，顾客很难在复杂的商场中寻找到自己信任的、满意的产品或服务。在销售过程中，顾客会产生许多疑虑，会有许多不信任感的存在。顾客由于害怕承担购买产品或服务的风险，不肯轻易下决心购买产品或服务，这时就需要销售员给予顾客一定的承诺，降低顾客购买产品或服务后承担的风险，尽力消除风险，以促进销售顺利进行，并使公司在业界留下较好的口碑。

销售员的及时承诺能给顾客极大的心理安慰，就像是给顾客吃了一颗定心丸，使顾客对产品或服务更信任、更放心，这样必然能给销售带来更好的促进作用。但销售员的承诺一定要合适得当，要在有能力履行的情况下进行承诺，过于夸大的承诺就像是坑蒙拐骗，不仅不能赢得顾客的信任，还可能会导致销售直接失败。

销售员要及时发现顾客对产品或服务不满意的地方，要对顾客不满意的地方进行能力范围内的承诺，承诺的时候语气要坚定，眼神要真诚，说话不能支支吾吾，要给顾客承诺可信的感觉。否则，顾客就感受不到你承诺的诚意，还不如不承诺。

小宋是有机蔬菜公司的一名销售员，出身农村。社会上食品安全问题层出不穷，城市里有各种各样的便利，各种各样的繁华，但这里的蔬菜还不如农村的蔬菜健康，大家几乎吃不到健康的、没有农药的有机蔬菜，他觉得这是亟待改善的地方，也是他销售的切入点。

他听说一家知名餐厅的蔬菜供应机构出了问题，就立刻抓住这个机会，给这家餐厅的负责人介绍自己公司的有机蔬菜，了解了客户的合作意愿后，小宋带着客户来到公司的种植基地，让客户亲自到场了解公司有机蔬菜的种植过程。

客户详细了解后说："你们公司的种植流程我也了解过了，没有什么问题，剩下的就是运输问题了。之前的公司，有机蔬菜质量没问题，可就是运送太耽误时间，送到餐厅的菜都不新鲜了，有几次还发生了调包事件，送来的蔬菜根本就不是有机蔬菜。不知道你们公司会不会出问题？"

小宋说："这个您大可放心，我们既然合作了，就一定会本着良心做事，而且有机蔬菜的采收、装车、运输、卸货，这整个过程我一定都会认真监督，保证不会出问题。如果出问题，我们公司一定退款。"

客户说："小伙子！我相信你是因为你的眼神！之前有好几家公司也来给我承诺说他们公司不会出现任何质量问题，可他们给我说假一赔百这种浮夸的话，承诺的时候都不敢跟我对视。但在你的眼神里，我看到了真诚！签合同吧！"

小宋说："谢谢您的夸奖！我一定会严格监督，给您运送新鲜、健康的有机蔬菜。"

就这样，客户的疑虑消除了，合作愉快地达成了。

在这个案例中，小宋就懂得对客户进行及时承诺，那家餐厅负责人因之前蔬菜公司不负责任的行为，心中留下阴影，不知小宋公司能否对有机蔬菜的质量负责，小宋通过及时的承诺消除了客户的疑虑，获得客户的信任，顺利达成了合作。

在实际销售过程中，我们到底该怎么做才能给予客户及时恰当的承诺呢?

第一，承诺要依据能力。承诺要在能够做到的前提下进行，做不到的承诺就是欺骗。如果一个手机销售员告诉顾客，这款手机不会出现任何卡顿的问题，必然会给顾客留下虚假的感觉。销售员要根据公司的能力、产品的特性和自己的权利，对客户进行恰当的承诺。

第二，了解顾客的疑虑。销售员要通过客户的话，客户的眼神、动作，及时准确地了解顾客的心理疑虑，从客户的疑虑入手，提出能够消除或者减轻疑虑的承诺。如果销售员没有看准客户的疑虑，反而在客户不重视的地方进行承诺，不仅不能解决客户的问题，还可能给客户留下逃避问题的印象。

第三，眼神要真诚。对客户承诺时，销售员要看着客户的眼睛，眼神要真诚，话语要坚定，给客户留下可信任感。飘忽不定的眼神，不能给顾客以安慰，更不能解决客户的疑虑。

尊重常挂嘴边

自尊之心，人皆有之。没有人不关心别人对自己的评价，对于不同性质的评价，人们会作出不同的反应，会对人际交流产生或多或少积极或者消极的影响。在销售过程中，销售员对客户的尊重是至关重要的，它对销售结果有重要影响。尊重不仅仅是礼节性的问候，还包括对客户的肯定。

尊重是相互的，客户听我们介绍产品就是对我们的尊重，礼尚往来的道理大家都懂，尊重同样也需要相互对待。尊重不能只表达在言语上，心不在焉的尊重只会令客户反感，给销售带来的消极作用可想而知。虽说尊老爱幼是传统美德，但不是要我们只尊重年龄比自己大的人，无论是同龄人，还是年龄比自己小的人，都需要互相尊重。

有些销售员不注意对客户的尊重，觉得这都是一些表面上的功夫，殊不知，就是这些他以为的“表面上的功夫”才是销售致胜的关键。能够揣摩清楚客户心理的销售员才是真正会销售的销售员。有些销售员知道应该尊重客户，但总是用词不当，令客户哭笑不得。类似这样的案例很多。

小勇和小刘是同一家医疗器械公司的员工，他们两个被派去搞定同一个客户。这位客户是一家医院医疗器械购买的负责人，对医疗器械方面很了解。公司要求他们给客户详细介绍产品，如果客户有不满意的地方，要及时改进。

小勇和小刘一同前往客户所在医院为客户提供产品介绍，还带去了医疗器械的样品以供试用。与客户刚会面的时候，小勇说：“您好！我们是A公司

的，过来给您介绍一下我们的医疗器械。”小刘说：“您好！这次来拜访有点儿唐突，不知有没有耽误您其他的事，等会儿我们介绍产品的时候，如果您有什么意见请提出来，您的意见是我们进步的动力。”

客户说：“太客气了，我有不懂的地方一定及时提出来。”两位销售员介绍产品的分工很明确，小勇负责讲说，小刘负责演示并补充。产品介绍结束之后，客户觉得产品有个地方存在安全隐患，希望能够改善一下。小勇说：“可以，我们完善之后再过来给您看看。”小刘说：“真是太感谢您了！给我们指出这么严重的问题，我们一定尽力完善。”

小勇和小刘回去以后，客户给他们经理打电话说：“以后再进行产品沟通时，你们只派小刘一个人来就行了，给你们节省点儿人力，还能做做其他工作。”

之后的销售，经理就只让小刘一个人跟进，只留下小勇一脸的疑惑和委屈，在小刘的努力下，销售也成功了。

在这个案例中，小刘就是因为对客户的尊重而被客户欣赏的，相比之下，小勇就不懂得尊重的魅力之大，没有把尊重用在销售之中，直到被赶出销售过程也还是不知缘由。小刘对客户的尊重体现在很多方面：称呼客户用“您”、冒昧打扰客户表示歉意、对客户提出的建设性意见表示感谢。客户能够很明显地感受到两位销售员截然不同的对待方式，客户当然会选择那个尊重自己的销售员，与这种懂得尊重的销售员交谈是一种享受，能给人愉悦轻松的感觉。

销售不是单纯的信息交换，更重要的是让客户体会到销售员的良好服务，要通过给客户愉悦的心情，更好地达到销售的最终目的。在销售过程中，我们具体应该怎么做，才能做到把尊重时常放在嘴边呢?

第一，保持谦卑。作为销售员，不能总是给客户高高在上的感觉，客户给予我们介绍产品的机会，自然就需要我们对客户保持尊重。用谦卑的态度对待客户，能使我们显得更真诚，还能使交谈更顺利。

第二，注意用词。想要通过语言达到尊重客户的目的，就需要销售员多积累一些能够表示尊重的用语，以免销售过程中用词不当而造成尴尬或者误会。尊重客户的话不能太过夸张，太夸张的话会显得过于虚假，表达真心实意的话才算是尊重。

第三，尊重要由心发出。尊重的话不能只停留在表面上，还要体现在眼神和行动上，对于客户提出的中肯的建议，不仅仅需要销售员表达感谢，还需要销售员将客户的建议付诸实践。

诚恳建议，赢得客户

销售是满足客户需求的过程，更是使公司获益的过程。销售员在销售产品的时候，肯定会遇到一些很矛盾的问题，假如摆在自己面前的两样产品都比较符合客户的口味，其中一样产品能够使公司获益更多，另一样产品对客户而言可能会更适合、更实用。这时销售员如果用特别诚恳的建议来说服客户购买比较实用的产品，就能够给客户留下特别好的印象，客户良好的宣传作用给公司带来的效益是无法衡量的。

“买卖不一心”是在销售过程中经常听到的一句话，当销售员给客户提出诚恳建议的时候，客户可能并不能体会到销售员的“诚恳”，这就需要销售员合理组织自己的语言，并想办法把实惠呈现在客户眼前，让客户感受到自己的真诚。诚恳不只要体现在语言中，还要体现在态度、语气、眼神中，才能更好地赢得客户。

有些经验少的销售员给客户建议的时候用词不是很合适，或者语气没有表达到位，就给客户造成了误解，这对销售员和客户来说，都是损失。有些销售员给客户建议的时候，不解释清楚理由，同样会造成误解。类似这样的案例还有很多。

小文是一名超市促销员，她负责销售的产品是火锅底料，她站在柜台前面做火锅，香味飘得好远，前来试吃的顾客很多。

一名顾客走上前来试吃了一下，说：“你用的是哪种火锅底料？”

小文说：“我用的这个火锅底料是150克的，你也可以买400克的火锅底料，量比较大。”

顾客说：“我不要那个400克的，我觉得你煮的这个好吃，我拿两包你煮的这个吧！”还没等小文再说一句话，顾客就走远了。其实150克的和400克的火锅底料味道是一样的，就价格来说，400克的火锅底料还划算一点儿。小文很遗憾自己没有解释清楚，导致顾客错失了更实惠的产品。

又一位顾客前来试吃的时候，小文就吸取了上一次的教训，顾客试吃之后问了小文相似的问题："你用的这个火锅底料卖多少钱？"

小文说："我用的这个火锅底料有两种包装，有150克的9块，有400克的20块，它们味道是一样的，但400克的比较实惠。我建议你买400克的。"

顾客说："那好，我就买400克的吧！真是挺划算，我给邻居们也带几包回去尝尝。"

在这个案例中，小文就特别想用自己的诚恳建议来使顾客得到更多的实惠，但在面对第一个顾客时，小文就没有使客户听懂自己的诚恳建议，顾客觉得小文想让顾客买量更大的火锅底料，这样超市就能多赚点儿钱。这都是因为小文没有清楚地告诉顾客，150克和400克的火锅底料味道是一样的，而且400克的比较划算，就使顾客产生了误解，最后客户没有买到最实惠的产品。

面对第二位顾客的时候，小文就直接告诉顾客不同包装的产品的味道是一样的，而且对比了150克和400克火锅底料的价格，让客户很直观地感受到小文推荐产品的优惠之处，顾客不仅采纳了小文的诚恳建议，还帮忙介绍给邻居，这对销售来说，无疑是好事一件。在销售过程中，我们具体应该怎么做，才能让顾客体会到我们的诚恳建议，以便赢得顾客呢？

第一，表达清晰。销售是一门语言的学问，在对客户进行诚恳的建议的时候，销售员一定要表达清楚，讲清楚产品的对比结果。虽说销售员的表达要简洁，但要在表达清楚意思的情况下，进行适量的缩减。只有这样，不仅让客户听得清楚明白了，还能让客户感受到销售员的真实用意，以便赢得客户。

第二，眼神真诚。销售员想要表达出诚恳的建议，只体现在语言上是不够的，销售员提出诚恳建议的时候，眼神要真诚，要敢于和客户对视。说话的语气也不能太强硬，诚恳的服务加上诚恳语言才能更好地赢得客户的心。

第三，把实惠呈现到客户面前。客户不想听销售员空口说白话，只有让客户看到真正的实惠，才能更好地体会到销售员的诚恳建议。所以，把实惠直接呈现在客户面前，是一种表达诚恳很好的办法。

言之以情，语之以理

销售就是人与人之间沟通的过程，销售员的销售技巧是销售能力的体现，最重要的是要求销售员言之以情、语之以理。每个人都是感情动物，客户也不例外，可能有些客户表面上比较冷漠，你两三次拜访之后，销售仍然没有成功，但也许你再坚持一下就能够达到目的了，可能客户在意的不只是你的产品质量，还有你的服务态度，这时就需要销售员用语言上和行动上的热情，努力让客户动容，激起客户对产品的热爱。

客户大多抵挡不了销售员持续的言之以情，终会拜倒在销售员的口舌之下。语之以理，要求销售员说出确切的道理，而不是歪理，只有说的话被客户信服了，才能达到销售的目的。

言之以情、语之以理，是要求销售员用热情的、富有情感的、有道理的话激发客户的购买欲望。有些销售员缺乏耐心，多次与客户交谈后，仍然得不到客户肯定的答复，就打了退堂鼓，觉得自己的努力得不到客户的回应。其实，这个时候，销售员只需要再多一点热情，告诉客户当前买下产品的好处，机不可失，时不再来，持之以恒的努力总会有所收获。在实际销售过程中，还有很多类似的案例。

小张是一家不太起眼的皮鞋公司的销售员，他来到一条商业街上，向一位鞋店老板推销自己的鞋子，老板说："你家的皮鞋又不是什么知名品牌，大家都没听说过，也不了解皮鞋质量，我凭什么要从你家公司进货？"

小张说："老板！我们公司可是很有潜力的，而且特别希望有机会能和您的知名老店合作，我们公司虽然没有名气，但皮鞋质量绝对过关，价格也特别合理。您给个机会，看一下我们的鞋吧！"

老板说："别浪费我时间了，快走吧！"

和客户交谈期间，小张悄悄地把自己的脚和客户的脚比了一下，确定了客户的鞋码。第二天，小张带着自己公司的鞋，再次来到客户的店里，把准备好的鞋拿出来让客户穿上试试，客户说："这肯定不合适，你又不知道我的鞋码，我的脚还比较胖，你就别白费功夫了。"

小张说："您肯定能穿上，就试一下！"

客户一试鞋，完全合脚，客户说："合脚是合脚，但我不需要！"说完就把鞋脱下来了。

在这之后，小张天天来到客户的店里想方设法和客户聊天，小张得知客户的孩子再有几个月就要高考了，就把销售的事儿放在旁边，给客户说，要给孩子补充营养，不能给孩子太多压力，问孩子的模拟考试成绩怎么样……每次交谈之后都能感受到客户的恋恋不舍。

小张觉得是时候跟客户说一说卖皮鞋的事了，他对客户说："您现在买我们的皮鞋肯定不会吃亏，皮鞋质量我们是肯定能保证的，再加上您店铺的名声，您肯定能再火一把！你看我脚上的这双皮鞋，穿这么久了也没出过任何问题。"

老板说："你这天天来我这儿，我也能感受到你的诚意；之前过来找我的销售员，被拒绝个一次两次就放弃了，像你这么热情的还是第一个，而且你的话是真的有道理，是真心实意的，我就先订1000双试试！”

在这个案例中，小张就是做到了言之以情、语之以理，才通过努力成功了销售。而在小张之前给老板推销的销售员就没有做到言之以情、语之以理，正是由于他们的失败才给了小张成功的机会。

小张在遭到客户的拒绝之后，没有直接被击退，而是越挫越勇，他继续找客户沟通，寻找客户关心的点，积极与客户沟通，用自己热情的话语打动客户，同时也告诉客户自己产品的优点，以及合作的好处，用确切的道理说服客户，最终成功了销售。在实际销售过程中，我们究竟怎么做才能做到言之以情、语之以理呢?

第一，热情。销售员的热情是融化客户内心冰雪的火把，说话要热情，举止要热情，眼神要热情，要让客户体会到自己的诚意。

第二，言之有理。销售员要说出客户需要购买的理由，只有客户信服了，销售才能成功。

第三，要有真情实感。只有让客户体会到销售员的真情实感，才是言之以情。

感恩的语言放心间

在销售过程中，销售员可以给予客户一定的感谢，表达感恩之情，感恩的话会是销售的润滑剂，给客户好心情，带给自己好业绩。感恩的话可以出现在很多场合，无论是销售的开始、结束或者过程中，销售员可以说“感谢您的光临”“感谢您的支持和鼓励，我们一定会努力做到更好”“感谢您给我

们的意见和建议，您简单的几句话胜过无数赞美”。

感恩的话能给客户暖暖的感觉，使客户对我们的公司、产品和服务更满意，感恩可以表达在很多时机，但感恩的话一定要有根有据、有礼有节，客户是不愿意听到无厘头的感谢的，莫名的感谢会让客户感觉销售员是在拍马屁。不仅不能达到感恩的效果，还可能起到反作用，对销售不利。

真诚的感谢是销售员感恩时必须要做到的，面带微笑，眼神坚定，通过表情来表达的真诚是最容易被客户相信的。嘴里再多的甜言蜜语也比不上一个坚定的眼神。感恩的语言要时刻放心间，适当的时候掏出一些来感恩顾客，这些感恩的话会成为销售成功的垫脚石。

小马是一名创业者，大学毕业后自己找了一个店面，做起了餐饮生意，并开通了外卖业务。但因店面偏僻，外卖业务还算可以，上门就餐的人就很少了，创业前期的小马很辛苦。渐渐地，餐厅的名气有了一定的积累，小马换了一个更好的店面，上门就餐的人多了，但他依然没有丢掉“外卖”这个老本行。

一天，小马给一位老顾客打了个电话：“王先生，我是卖外卖的小马，今天给您打这个电话是为了谢谢您的！”

王先生说：“小马呀！谢什么呀？我又没帮你什么忙！”

小马说：“您可不知道，您帮了我大忙了！我最开始卖外卖的时候，您就鼓励我，说我对外卖有感情，是很认真在做的，如果加点儿创新，就更好了。您的话我深深记在心里，创新了饭菜，创新了包装，销售渠道也创新了，现在我的生意越做越大，都是您帮的忙！我一定要谢谢您！我要给您公司员工免费送一周的外卖！”

王先生说：“我就是随口一个建议，是你自己认真听了而且认真做了才有今天，不用客气！免费送外卖就免了吧！做生意也不容易！”

小马说：“外卖我是一定会送的，是我的一点儿心意，您就接受吧！”

小马给王先生公司送了一周外卖后，接到王先生的电话："小马，我们公司员工都觉得你的外卖特别好吃，我想和你长期合作，一直给我们送外卖，可以吗？"

小马说："当然可以！我现在就去您公司当面商量！"

在这个案例中，小马通过对王先生的感谢，成功得到一笔大订单。感恩是一种智慧，一种能够深入客户内心的力量，小马以很久以前客户的话为切入点，感谢客户提出的意见。小马从细节入手，给客户很真诚的感觉，同时，小马的感恩也不是只体现在话语中，还表现在行动上，将感恩变成销售路上的垫脚石。

感恩的话不是凭空产生的，是需要理由的，不能给客户平白无故的感恩，这样不仅会使客户一头雾水，还可能会成为销售的绊脚石。在销售过程中，我们要怎样做才能将感恩的语言放心间，以利于销售成功呢？

第一，有理有据。感恩客户需要理由，不能唐突地说："先生，真是谢谢您呀！"这会把客户弄的一头雾水，反而会对销售不利。有理有据的感恩能给客户带来愉悦的心情，有利于销售。

第二，眼神坚定。感恩客户的时候要与客户有一定的眼神交流，面带微笑，语气坚定，给客户真诚的感觉。飘忽不定的眼神会给客户虚假的感觉，会让客户觉得销售员在拍马屁，会直接产生不好的印象。

第三，不能滥用感恩。经验少的销售员会觉得感恩好处很多，销售过程中一直感谢客户，会给客户阿谀奉承的感觉，是不利于销售的。过多的感恩的话也会令客户的思想麻痹，就产生不了感恩应有的效果了。而且，感恩也不能只停留在口头上，不能只做语言上的巨人，感恩要体现在行动中，要让客户有所感受，才能成为销售的润滑剂。

第六章

因人而异——认清对象，对症下药

内向客户：多问问题巧引导

客户性格不同，适用的沟通方式也不同。销售人员要学会“看人下菜碟”，针对客户的不同性格“对症下药”。内向的客户大多不愿意主动与人交流，在交谈中也不善于表达内心真实的想法，在做决定时也常常摇摆不定……所以，在同内向的客户沟通时，销售人员要做主动的一方，多问问题，巧妙引导客户，从而达成最终的销售目的。

第一，明确客户需求阶段。

我们会发现，销售过程中，外向的客户大多会主动道明来意，提出自己的需求，而内向的客户则是以看和听为主，如果销售人员不问，他们很可能看一眼就离开了。客户离开了并不可怕，可怕的是客户离开了我们却不知道他为什么离开。是没有符合客户需求的产品？还是客户本身的目标并不明确？他想要的是什么样的产品、服务或合作对象？这些问题都需要销售人员主动去询问才能得知。

询问客户需求，销售人员通常会用到这些句式。

当客户主动上门时：

“您好，请问您需要买些什么？”

“想看看什么？我可以给您介绍一下。”

“有什么可以帮助您的？”

“您想做什么用？”

“这是我们刚推出的新款，您看看喜不喜欢？”

当销售人员主动接触陌生客户时：

“您这里有没有 ××？”

“您需要 ×× 吗？”

“我们是做 ×× 的，想请您帮助我们做一份市场调查，可以吗？就占用您两分钟时间。”

这些都是常用的询问客户需求的方法。想要把自己的产品和服务推销出去，首先要明确客户的真实需求。不了解客户的需求，所有的推销语言就失去了方向，变得散乱、没有针对性，很难在短时间内吸引到客户。而且对于内向客户而言，问这些问题的目的并不仅仅是一种试探，更是为了拉近彼此的距离。当内向的客户不愿意主动靠近时，销售员要通过提问主动接近客户才能打破僵局。引导客户正视问题，才能为解决问题打下基础。

第二，处理问题阶段。

内向的人在与人沟通时，一般都存在一定的心理障碍，不善于把自己心里的想法转化成语言。所以在交谈时，他们常常表现得比较沉默，更倾向于做一个倾听者。如果对内向客户说“您有什么问题可以说出来，我看能不能帮到您”，客户很有可能会回答“没什么问题”。没有问题才是最大的问题，但是客户不说，就需要业务人员去详细地询问引导，分析出客户的问题所在。

巧妙的询问引导不仅要问出客户的真实想法，还要让客户无法拒绝。例如：

业务员：请问您要贷款吗？我们公司提供各种房贷、车贷、保单贷等贷款业务，放款快，额度高，而且利息比其他家都要低。

客户：不用了，暂时不用那么多钱。

业务员：看来您手头是比较宽裕的。那您需要存款吗？我们公司 ×× 银行的利息比其他家要高，而且每周、每月都会推出专项理财产品，存取便利。

客户：没有多少钱，挣的也就刚够花。

业务员：没有关系的，我们的“××”理财账户每天结算，就算是只有一块钱，每天也会有利息。而且想用的时候即时到账，不会耽误您用钱。您只需要下载一个 APP 绑定账户就可以了，很方便的。

客户：太麻烦了，再说那一点儿利息能顶什么用？

业务员：您说的对，关键还是要有一份好工作，挣的钱才多。我们公司发展平台很广，能够进行几十项业务。咱们员工的平均工资都在 ×× 以上。下午正好有招聘会，我陪您过去看看，您先了解一下……

您有钱吗？有钱我帮您理财，告诉您怎么花最合理。您缺钱吗？缺钱我给您提供贷款。钱不够花又贷不了款？我给您提供工作岗位，让您能够挣到钱。目前不想换工作？那您办一张信用卡吧，可以解燃眉之急……不管你的回答是怎样的，我的提议总有一项是你拒绝不了的。一旦客户说不出明确拒绝的说辞，业务人员就有了向促成过渡的时机。

第三，促成阶段。

性格内向的客户，思想容易受到干扰，想得多，顾虑就多，因而表现得不够果断。这也是他们谨慎的表现，怕做出的决定并不是最佳选择。这时，就需要销售人员多给予他们肯定，帮助他们坚定信心，促使他们做出决定。

例如：“现在正是 ×× 热卖的时候，您就放心吧，做这个没有赔钱的！您看您需要进多少？ ×× 够不够？”

让客户走出“要不要”的问题，进行“要多少”的思考。显然，当客户开始考虑“要多少”时，其实已经解决了“要不要”的问题。

内向客户是不太容易沟通的一种，需要业务人员花费更多的时间去挖掘他们的真实想法。了解内向客户的性格特征，多问问题巧引导，有助于我们在沟通时走进他们的内心，帮助客户做出判断和决定，提高促成机率。

多疑客户：说话要有理有据

多疑的客户不大容易相信别人，对人对事首先会报以怀疑的心态。这种怀疑可能是源于他们自身经验阅历的不足，或对行业和产品不了解，也可能是之前经历过一些欺骗，所以防备心理比较重。面对多疑型的客户，同他们交谈时一定要有理有据，提供充足的证据才能打消他们的怀疑心理。

一次，七七陪一位大姐去体验拔罐。到了那家店楼下，大姐犹豫起来：“这不是我以前去过的那家吧？要是的话咱就不去了吧？”原来，这位大姐之前在这家店里做过一次拔罐，可能是因为忘记了人家的嘱咐洗了澡，第二天几乎要起不来床。从那以后她就对拔罐有了抵触心理。这次也是朋友再三劝说才来的。

七七说：“都已经走到这儿了，进去看看吧，是那家的话咱们不做就行了。”

大姐同意了：“好吧，那就去看看。”

上楼之后，大姐看了看店里贴着的各种拔罐的海报，有些担心地问：“拔罐不会有什么问题吧？看这海报也太吓人了！”

老板解释道：“这要看个人的身体素质。身体素质差的，会看出体内有毒素和淤堵之处。身体素质好的就没事了。你看看我经常拔，身上的印就很浅，不像他们那么严重。”

大姐问：“不会越拔越严重吧？”

老板：“不可能越拔越严重的。咱们全国做了成千上万的客户，没有出现一例把客户身体做坏的，它是非常安全的。你看我上的这个仪器它既不是火罐也不是一般的气罐，它是一种中西结合的仪器，是类似呼吸运动的。吸的时候可以深入肌肤，拔出深层的毒素，呼的时候可以往身体里注入氧气。它是一种有补有泻、双向调节的仪器，不会把身体越拔越虚。”

大姐：“那拔完能洗澡吗？我上次拔完洗了个澡第二天难受得很。”

老板：“普通的火罐拔完不能洗澡，但咱们这个没有任何影响。拔完就可以洗，我自己都是，没有出现一点问题。”

大姐：“我就是胳膊背不过去，拔几次能拔好？”

老板看后说：“你这情况和我妈一样。我给你做完这一次，你就会感觉比之前好很多。”

老板的话让大姐有些动心了，所以决定体验一次。

在这个案例中，这位大姐就是多疑型的客户。因为她之前有过一次不好的体验经历，所以对这次的体验心理上首先就存在了怀疑。这种怀疑一方面是因为对上次拔罐后不良反应的原因不确定，另一方面则是对疗效的不确定。店老板对此做出了肯定的回答，在一定程度上打消了她的疑虑，才使她有了重新体验的兴趣。

在这个案例中，店老板解决问题的方式还是可以借鉴的。遇到多疑型的客户，我们通常可以这样应对：

第一，鼓励客户提出疑问。如果对客户说："您不用考虑那么多。"客户得到这样的回答，对他来说并没有实际意义。他的疑问还是存在的，而且他会觉得你连他的问题是什么都没有完全弄清楚，怎么能够让他放心呢？对我们来说的小事儿，可能在客户看来却是很要紧的，所以应鼓励客户说出心中的疑问，不应敷衍了事。

第二，弄清楚客户持怀疑态度的原因。比如，在案例中，客户对拔罐会不会造成严重问题是持怀疑态度的。虽然她自己说，之前可能是因为忘记了人家的嘱咐洗澡造成的。但实际上，在她心里，并不确定是由洗澡造成的还是拔罐本身造成的。这种怀疑导致她觉得如果是同一家店根本不想再去体验，并对老板问了很多安全方面的问题。

老板的回答是："不可能越拔越严重的。咱们全国做了成千上万的客户，没有出现一例把客户身体做坏的，它是非常安全的……"一方面，用用户数量说明拔罐肯定有利于健康的；另一方面，从拔罐原理的角度消除了客户的疑虑。

对客户的疑问给出肯定的答复。

案例中，老板从这几个方面解除了客户的疑虑：1."全国没有一例因为拔罐把身体拔坏的"。这是大数据证明。2."我自己亲自试验过"。这是个别实验证明。3."做完之后你当即就能感觉到效果"。鼓励客户亲身实践。

在交谈时，客户有疑问是再正常不过的。我们有时会正面回答，有时则会避重就轻，把一些不好回答的问题往后放一放。不管是采用哪种应对策略，到最后都要解决掉客户的疑问，不要想着把一些问题避开。对多疑型客户尤其要认真解答，不应含含糊糊，给人一种模棱两可的感觉。如果客户不能得到肯定的答复，这种不确定会加重客户的怀疑心理，不利于最终的销售促成。

孤傲客户："以毒攻毒"巧激将

孤傲的人是比较难接触的一类。他们比较固执，不喜欢听从别人的意见或建议，也不愿意与别人分享自己的想法。这与内向的人不同。打个比方，男生追女生，如果女生是个内向的人，男生可以用温暖打动她，走进她心里。但如果女生是个孤傲的人，你越黏着她，她反而越发看不起你。所以，遇到孤傲型的客户，一味地示弱并不见得有用，适当地用点"激将法"反而更能达到目的。

《三国演义》第四十四回：周瑜听闻曹操大军至汉上，星夜赶回柴桑郡议事。到了晚上，鲁肃引着孔明来拜见。鲁肃先问周瑜主战还是主降。周瑜说曹操势大，战则必败，降则易安，将主降。

鲁肃与周瑜争辩，孔明袖手冷笑。

周瑜问：孔明何故哂笑？

孔明说：笑鲁肃不识时务。曹操善用兵，昔日与他做对的吕布、袁绍、袁术等人都被曹操所灭，天下再无人能与之抗衡。刘备不识时务，强与之相抗，落得孤守江夏朝不保夕的下场。周瑜主降可以保妻子、全富贵，正是明智之举。

鲁肃怒道：你这是要我主君受辱于国贼吗？

孔明说：我有一计，并不需你主君受辱，只需派一使者用一扁舟送两个人到江上。曹操得了这两个人，百万之师自会退去。

周瑜问：用哪两个人可退曹兵？

孔明说：江东没有这两个人不过是大木飘一叶，太仓减一粟。但曹操得之，必大喜而退兵。

周瑜追问：究竟是哪两个人？

孔明说：以前听说曹操曾发下誓言，平生有两个愿望，一是扫平天下，成就霸业，二是得到江东乔公家的两个女儿大乔小乔，置于铜雀台乐享晚年。如今曹操聚百万之师到江上，实际不过是为了得到这两个女子以实现自己的愿望。你只要花钱买下大乔小乔送给曹操，他得偿所愿，自然不会攻打江东了。

周瑜问：你说曹操想要得到二乔，有何凭证？

孔明说：曹操曾命小儿子曹植作《铜雀台赋》，可以为证。这赋中之意，就是说他家合为天子，誓娶二乔。

周瑜请孔明背诵。果然赋中有“揽二乔于东南兮，乐朝夕之与共”。

周瑜听了大怒，站起来指着北方大骂：老贼欺我太甚！

孔明忙劝道：昔日汉天子尚曾以公主和亲求得太平，你又何必如此在意民间两个女子？

周瑜道：您不知道，大乔是孙伯符将军的嫡妻，小乔则是我的妻子啊！

孔明忙假意道歉，说实是事先不知，失口之言。

周瑜说：我与曹贼誓不两立！

孔明说：你还是再想想吧，免得一时冲动，事后后悔。

周瑜说：我受伯符所托，哪里肯屈身降曹？之前说降，不过是来试探你。

我早有北伐之心，虽死不悔。还望孔明能助我一臂之力。

有了周瑜一力主战，孙刘联合抗曹之事遂定。

这是“激将法”应用的一个典型。商场如战场。假如我们把诸葛孔明和周瑜的这场交锋想象成一次商业营销活动，业务人员是孔明，少年得志、恃才傲物的周瑜是孤傲型性格的客户。当客户不把业务人员放在眼里，不愿意表露真实想法，而是假意试探时，如果业务人员再放低身份请求他合作，客户更会觉得业务人员一方价值不大，不值一提。即使有合作的好处，也未必会选择合作。

而优秀业务员孔明巧用激将法，直言既然江东没有人才能与曹操抗衡，降自然有降的好处，不过人家是冲着你老婆来的，你自己享富贵，老婆可就得拱手送人了。周瑜自然受不了这样的刺激，必定会主战。在这一场智力较量中，孔明不动声色，三言两语就牢牢掌握了主动权，既探明了周瑜的意图，更坚定了周瑜抗曹的决心，达到了此行的目的。

骄傲、爱面子、虚荣心强、受不得被人小瞧，是孤傲型人的通病。因此，“激将法”用在他们身上往往能收到意想不到的效果。在商场中，对孤傲的客户使用激将法也是为了激起对方的意气，促使对方下定决心，做出决断。常用的一些激将法句式如：“您几十万的钱都花了，还在乎这一两百的小钱儿”“这事儿您要是做不了主，再跟媳妇商量商量”“女人就要爱惜自己，有钱不舍得花，难道要等人老珠黄了留给老公花到别的女人头上”。

“激将法”的使用要恰到好处。如果刺激不够，激不起对方的自尊心，就达不到效果。但是，如果用得过了，会让对方认为你是有意挑衅，把怒火发泄到你的头上，得不偿失。如果把握不好度，保险起见，不如学孔明使一招“祸水东引”，先把自己摘出来，即使客户有气也怪罪不到你头上。

虚荣客户：赞美恭维常伴随

你是否遇到过这样的人？他们看重外表，爱美，追求时尚，穿名牌，看到喜欢的东西不论有多贵不论自己是否需要都一定要买下来；在意别人的看法，渴望得到别人的认可，喜欢攀比，怕被人看不起；喜欢向别人炫耀自己，朋友圈里时常晒自己的自拍照，会把收藏的好东西拿给并不熟悉的人欣赏……这样的人大多是虚荣心比较强的人。

一个朋友去买鞋，自己花三百多买了双帆布鞋，两个女儿一人一双树脂的凉鞋五百多，又给在老家的父亲买了一双树脂的沙滩鞋将近四百。她说这是品牌的，穿着特别舒服，是邻居推荐给她的。

真的只是因为贵的鞋子穿着舒服吗？其实，更多的是虚荣心在作怪。所以，看到邻居家有好东西，不管自己家情况如何，也一定要有，这样才会有面子，才不会被邻居比下去。

对这样的客户其实是很好促成的。就比如这个朋友去买鞋子，营业员得知是她邻居介绍来的，便问她："你邻居买了，觉得穿着怎么样？"

朋友说："她说穿着可舒服了，一定让我过来看看。"

营业员说："你邻居推荐的没错。你可以试试，我们家的鞋绝对穿着舒服。而且现在正好在做活动，今天才调的价。你邻居肯定是之前买的，要比现在的贵。"

朋友说："好像是四百多吧？"

营业员说："你看，我们现在只需要三百多就能买到了。"

朋友就很欢喜，觉得占了便宜。

得知她有两个小孩后，营业员又给她推荐孩子的鞋："咱们这鞋子是今年最流行的新款，可不是外面几十块钱就能买到的那种，你摸摸就知道了，是不是？给孩子的东西一定要用最好的。"

朋友说："可是很贵呀！"

营业员说："咱们现在针对这一款有买一赠一的活动，你只要花一双的钱就能买到两双了，正好两个孩子一人一双，多合适呀！总不能给这个孩子买好的，让另一个孩子穿一般的吧？”

朋友说：“是呀，我们那个小宝可挑了，不是好东西她都不要，总抢她姐姐的。所以，买东西一买就得买两份。”

其实两岁多点的孩子真的能把好坏分得那么清楚吗？两个孩子穿的价位不是一个档次会让她觉得不好意思，即使未必会有人注意到。

父亲马上要过生日了，她想来想去也没什么好买的，不如就给他买一双穿着舒服的鞋当生日礼物吧。一双好鞋穿着舒服还结实，能穿好几年，关键还是牌子的，父亲穿着有面子，都不用营业员怎么说，挑了挑颜色就定下来了。

爱慕虚荣的人其实是很容易接触的。他们不怕花钱，只要这钱花得让他们觉得有面子就很容易促成。对这种客户，一定要多赞美，迎合他们的虚荣心理。可以赞美他们年轻、美貌、有气质，用的物品上档次、有品味、有眼光等等，只要不是太离谱，这种恭维的话他们都喜欢听。

在交谈时，经常用的句式有：“您说得太对了”“对、对，就是这样的”“哎呀，这都被您想到了”“对我们公司的产品，您比我了解得还要清楚，我真该向您学习了”“受教了”“那家店前两天还在跟我提这事儿呢，他现在资金有些周转不开，说一旦周转开了，马上就订货。让我一定给他留着”。用肯定和赞美来抬高客户，再用一些对比激起他的攀比心理，十有八九生意就成了。

专业客户：专业术语挂嘴边

做销售，了解产品专业知识是基本功。再能说会道的嘴离开了专业知识，也很难说服客户，必须要有所依仗。而这依仗就是专业知识。接触客户多了你会发现，有一类客户似乎比我们都专业，对产品知识了如指掌，显然，这类客户是非常难应付的。

由于客户较为专业，要让这类客户相信你，说服他们，势必要从专业的角度入手。而且，每个行业都有自己独特的专业术语，是外行人所不熟悉的。不懂意味着不够专业，而这也影响着客户是否能接纳销售人员，是否会与你成交。

小张是一家房产中介的置业顾问。这天，微信朋友圈里有位刘先生主动打电话和他联系，说想买一套二手房，想找他聊聊。这位刘先生，小张已经不记得是什么时候加的好友了，做这一行的，随时随地添加好友几乎已经是一种习惯。但是，有人主动联系，不管怎么说都是一次机会，所以，小张很快跟刘先生约了会面的时间。

刘先生三十多岁，穿着西装，看得出来是个很讲究的人。刘先生说，看中了绿都新城附近的房子，但是有一些问题不大清楚，所以想找个懂的人问一问。正好小张的业务范围在这一块儿，也常在朋友圈看他发的信息，觉得他比较专业，所以就主动约见了。

小张与刘先生客套了一番，便问刘先生想要了解哪方面的问题，绿都花城和旁边的几个楼盘都不错，他手里也有房源。

刘先生说："这附近的几个小区我都看了，整体来说，阳光花园和绿都新城还是不错的，绿化好，楼间距也大。另外，还有这两个楼盘的位置好，回老家的话出门就是高速路口，旁边公交车也比较多，出行方便。不过，我还是想要了解一些细节方面的，比如说小区的绿化率、出房率、物业和水电燃气费用等等。"

小张一听，就知道刘先生肯定之前了解过。一般的客户主要关注的是户型和地理位置，小区环境看看就可以了，不会要求具体数据的。可见，刘先生是一个较真的人，对专业性问题比较关注。

所以，小张也回答得很专业："按国家标准，新的小区绿化率要达到30%以上，旧小区在25%以上。而绿都新城这个小区明面上标示的绿化率是35%，但经过这几年的维护，其实绿化面积已经不止35%了。您去看过，也会发现，其实这个小区有很多大树，这都是原来生长的，小区设计的时候做了保留，并不是后来栽种的，所以相对来说树木比其他小区要繁盛。但是，这个小区楼间距大，所以光照还是比较充足的……"

小张也详细介绍了容积率、出房率等一系列专业性的问题，对购房方面的注意事项也讲得很清楚，完美解决了刘先生的问题。

最后刘先生说："其实，我原先的打算就是找你多了解一点，想自己跟业主谈的，怕找中介的话被中介糊弄。不过，跟你聊了之后，发现你对房产这一块确实非常了解，委托给你也比较放心了。"

最终，小张凭借专业打动了客户，获得了客户的信任，成功做成这个单子。

对待较真的客户，不要怕客户听不懂专业性的术语，相反，你说的越难懂，他会觉得你越专业，越靠谱。

忠厚客户：真心实意把话说

遇到忠厚的客户，对销售人员来说是一种福气。这种性格的人没有太多的花花肠子，他们说出的话基本上就是他们内心真实的想法，不需要绞尽脑汁去想背后有什么隐藏的深意，是不是有什么陷阱。忠厚的人，就像是田里耕耘的黄牛，踏实、认真、勤奋、刻苦、习惯忍受和默默地付出。

从某种意义上说，忠厚的性格是属于利他的一种，跟他们交往不用担心吃亏上当，因为不管是对熟人还是对陌生人，不用你自己去说，如果他们知道自己占了便宜，首先就会觉得内心不安，一定要做出弥补才肯罢休。相反，如果是他们吃了亏，则往往默不作声，独自承受。所以，这种性格的人往往是利人却不利己的。尤其是在这个物欲横流、金钱至上的社会里，说得好听是忠厚老实，为人实在，说得难听是“傻”，太容易相信别人，不懂得为自己争取权益，遇到一些别有用心的人往往会上当受骗。

也许我们还能够记得高秀敏和范伟表演的小品《将心比心》：高秀敏饰演的“大妈”去买衣服，遇到能说会道的“商贩”范伟。为了成功推销出衣服，商贩口若悬河，滔滔不绝，这件不行推荐那件，最后竟然把自己身上穿的外套强穿在大妈身上。大妈见一个小商贩也不容易，又受不了他的热情，心一软就花一百元钱买下了。

等到大妈离去，商贩一边向刚回来的媳妇炫耀自己一百元卖出了她三十元卖不出去的残次品，一边又为没开票据不怕大妈事后发现来要说法而沾沾自喜，可是没等他乐两分钟，突然发现一天卖出去的三千多块钱全都在那件残次品衣服兜里装着呢。

着急的商贩去追大妈，而此时买衣服的大妈已经发现兜里多了一沓钞票。若是见钱眼开的人，肯定早把钱昧下跑路了，但大妈是忠厚的人，觉得应该把这本不属于自己的钱财还回去，所以回头来找商贩。不知情的妻子以为大妈发现了衣服是残次品，来退货的，不肯承认衣服是在她这里买的，还要大妈拿出证据。直到商贩回来，才知道大妈是来还钱的，对大妈感激不尽，并说出了衣服一个袖子短一个袖子长的实情，而这样的衣服却正是大妈想要买的，皆大欢喜。

小品的结局很完美，然而现实中，一些销售员却把忠厚型客户当成好忽悠的对象，不仅失去了客户对他们的信任，更是亲手砸掉了自己的招牌。

一位李女士想把自己的一间写字楼租出去。因为离现在住的地方比较远，来回跑不方便，就找了家中介公司想做托管。给中介定的租金是两千六，每年一个月的空档期。没过多久，中介的A打电话说现在房子往外出租比较困难，希望降低租金，把空档期改为两个月每年，另外空档期的钱不是每年扣一次，而是从前几个季度里每季度扣一次。又说行业里现在都是不收押金的，要把押金取消。

李女士也是个挺实在的人，并没有想太多，只是觉得这样与自己的期望相差有些远，就有些犹豫，可是房子一直空着也是损失。正在这时候，李女士的朋友告诉她可以在网上发布招租信息试试。李女士就托朋友发布了，刚发布完就有另一家中介公司的人B打电话。同样是做托管，只是空档期是一个月，一年扣一次钱，租金押一付三。李女士觉得可以考虑，就让他以租房的名义去找之前的中介公司要照片看房。

很快B就给李女士回电话，说他去看了，A给他说的租金是三千多一个月。李女士还不敢相信，怎么可能给租户这么高的租价呢？朋友给她解释了行业内的一些潜规则，李女士才知A是如何从中牟私利的，怪不得说房子不好出租呢。结果，李女士收回了托管给A的房子。

销售人员为了完成销售任务，需要掌握很多的销售技巧，需要锻炼自己的口才和思辨能力，但是一个人的能力高低和品德高下却并不是对等的。这世上不缺有才能的人，缺的是德才兼备的人。忠厚的人虽然不善于拒绝，但只要知道自己受骗，便再也不会同这个人继续合作下去。“君子爱财，取之有道”，立足正道，外现通达，内守端方，方能俯仰无愧，也才能在事业上走得长远。

所以，请不要认为忠厚的人是软弱可欺的。遇到忠厚的客户更应该以诚相待，莫辜负这一份信任。否则，若是连忠厚的人都隐瞒、欺骗，即使获得了眼前的利益，也失去了一个人最基本的道德底线，到最后损失的终将还是自己。

冷漠客户：以“心”换“心”去感染

冷漠和冷傲是不一样的。冷傲是因为觉得自己比别人强，看不起别人，因骄傲自大而对人冷淡；冷漠则是因为不关心，觉得无关紧要。有些人之所以表现冷漠，多是因为心中对美好的渴望遭遇到了现实无情的打击，过于失望才会心灰意冷。所以，这种人冷漠的外表下掩盖的往往是一颗火热的心。有一个词叫作“面冷心热”，说的就是冷漠的人。

面对冷傲的客户，我们可以借鉴“激将法”来利用他的狂妄，也可以用专业性来赢得他的尊重。但是对于冷漠的客户，则需要将“心”换“心”，用真诚、温暖去感染对方，破开他们心中的冰层，感受到来自销售人员的善意，那时他们回报的也将是一片赤诚。

冷漠型客户的表现特点：

第一，对人冷漠，不喜欢和陌生人接触。他们只愿意和极少的朋友交往，选择合作对象时会慎重考虑，一旦选择了轻易不会变换。跟这种客户打交道，前期会比较困难，他们对陌生人的排斥会让你难以接近。而且他们拒绝时也特别的干脆：“不需要”“不必”“没兴趣”“没时间”“不想了解”等等，像这样拒绝的话，可以轻易地从他们口中说出，丝毫不会去在意被拒绝人的颜面与感受。

第二，做事认真，不喜欢被干扰。如果冷漠型的人正在做事时，被不熟悉的人打断会令他们很恼火。这是因为在他们的心里，这个不熟悉或完全陌生的人远没有他手中的事重要。

第三，慢热。冷漠的人通常也是不善于表达某些积极情绪的人。比如他们对销售人员所说的某一点感兴趣，但不会立即表露出来，更不会出现欣喜若狂之类的表情，所以不利于销售人员及时做出判断。

销售人员应该如何去应对冷漠型的客户呢？

第一，忽略掉对方的冷漠，保持心态平和。

销售人员面对冷漠型客户，一定要有足够的心理承受能力。被拒绝的滋味肯定不好受，而且对方还冷着一张面孔。但是，我们应该想一想，很少有人对所有人都是冷漠的。客户对我们冷漠，只是因为他们不了解我们，是出于对陌生人的一种自然排斥反应。如果我们能够带给他帮助，能够合作共赢，能够彼此信任成为朋友，那么他自然不会对我们开口就拒绝了。要相信，只要能够得到客户的认可，此时越冷漠的客户，日后会越忠诚。

而对于客户的冷漠，从心里忽略掉就可以了，可以假装自己是在对一个不爱说话的朋友甚至是对空气讲述，始终保持温和、有礼、微笑，用亲和力和善意去感染他们。当他们愿意主动向你询问时，说明你已经不再是他们眼中无关紧要的路人甲了，而是一个有可能合作的伙伴。

第二，不要急于求成，事可缓则缓。

遇到这种冷漠型的人，要有足够的耐心，前期刚接触时尤其要给他们足够的时间来接纳我们。只有当这种沟通是他们主动提出的或认可的，双方才有交流的机会。

我们假设如果有一业务员去推销某样商品。遇到性格开朗型的客户，当你说明来意后，只要不是特别忙，他们都会放下手中的事，热情的询问这是什么东西，做什么用的，如何操作等等，即使他们并不想购买也会愿意多去了解，会认真听业务员的讲解。

但是，遇到冷漠型的客户时，你道明来意后，他会说："正忙着呢，没时间"，然后继续手中的工作。如果这时候，业务员继续上前推销，等待他的必然是更不耐烦和更直接的拒绝，那是真的一点机会都没有。因为他会觉得这个人没有眼力劲儿，打扰人做事挺招人烦的。如果业务员能在一旁耐心地等待，等他们忙完，或等他们主动询问，那时再做介绍，将会把被拒绝的几率降低不少。

第三，不要执着于客户的回应，先把自己想要说的话说清楚。

即使冷漠型客户给了销售人员介绍产品的机会，但他们大多数时间也只是做一个倾听者，不会对销售员的解说做出任何回应。所以，销售人员无法判断出他们是认可还是不认可，自己讲的到底能不能打动他？

此时，应该不要想那么多，更不要三两句话就去询问客户的意见，勉强客户给出回应。你一言我一语的谈话方式不适用于冷漠型的客户。要按照既定的思路，把自己想要说的话说出来。客户在倾听也是在思考，如果对某一点感兴趣，他会提出来，或者在你讲完后提出来。不喜欢被人打断的人，通常也不喜欢打断别人。

较真客户：话语严谨去解释

吴女士去一家餐厅用餐，结账时发现标价5.9元的酱骨头却被按照6元结算。吴女士据理力争，餐厅的人却并未积极应对。较真的吴女士认为餐厅以低价吸引消费者，却在结算时多收一毛钱，是对消费者的欺骗，而餐厅的态度也很让人气愤，于是几次协商未果后，吴女士一纸诉状把这家餐厅告上了法庭。

如果吴女士胜诉，将会得到500元的赔偿，但是吴女士为了这件事所损失的满勤奖、油费、诉讼费等早已超过了这个数额。无论诉讼结果怎样，从时间、金钱上来看，吴女士都是损失大的一方。但是吴女士还是坚持如果餐厅不积极进行庭外和解，她一定会把官司打到底。

为了一毛钱，花费大量的时间和精力来打一场官司值不值？对于较真的人，值不值并不是用时间和金钱来衡量的，他们看重的并不是那一毛钱，而是为了维护自己的权益，为了讨一个说法。其实，较真的人是很可爱的，他们坚持真理，正义，遵守规章制度，并有足够的勇气为了捍卫信仰而战，虽然有时候他们较真的内容看似根本微不足道。

较真的人通常都比较耿直，有什么说什么，而且还一定要得到一个结果才肯罢休。遇到这样的客户，销售人员需要认真对待客户的问题，用语严谨，解释清楚。

第一，要有耐心，多一分理解和包容。喜欢较真的客户，常常会把注意力放在一些常人认为无关紧要的小事上，对一些细节性的问题认真到死板。这样势必会造成一些时间上的拖延，销售人员要有足够的耐心。

举个例子：

做化妆品销售的小杨就遇到了一位爱较真的女客户。本是别的客户介绍来的，之前也试用过公司的产品。如果是好说话的客户，一般是可以直接下订单拿货的，但这位客户却提出要当场再把想购买的产品每样都体验一遍，并要小杨详细解释它的成份、效果，会不会出现不良反应，产品搭配、保质期，是不是每瓶都有质检报告等等。

根据客户的反应，小杨知道这是一个爱较真的人，如果直接对她说："您之前也试用过，朋友也在代理我们的产品，完全不用担心"，客户或许会说："以前用过是以前，谁知道你们的产品是不是和以前一样的质量？朋友说的也只是她的感觉。"虽然客户看起来购买意向比较强烈，但如果得不到想要的结果，一定会觉得是在敷衍她，最后能不能成交尚是未知。所以，小杨就把手头的工作安排给其他人，自己专门来陪这位客户。

小杨首先肯定了客户的做法："姐，您说的很对，咱们的产品都是直接接触客人皮肤的，所以一定要保证安全，您能拿自己做试验，真是客人的福气。"然后，小杨认真地给她做体验，并耐心地解答了她的问题。客户终于满意了，下订单的时候，又认真地核对了每样产品的名字、数量、净含量、发票、赠品等等。等客户付完款，拿着产品离开，已经过去了大半天，小杨不由得长出了一口气。同事也笑说，这样的客户真难伺候，接待她一个人的时间都能接待十个客户了。

接待这样的客户确实会比较累，他们的每一个问题都不能含糊，耐心不够的人往往坚持不下来。有些比较浮躁的人，甚至会认为客户总爱在这些无关紧要的小事上较劲儿，太磨叽，不爽快，不喜欢与这样的人打交道。此时，多想想成交后的业绩和工资或许会让自己更能静下心来。

其实换个角度想，较真的客户也有他较真的好处。可谓“丑话说在前头”，把问题都弄清楚了，日后会省去很多麻烦，而且经过她亲自检验认可的事情更能赢得她的信任。所以，对于客户的“较真儿”，我们应多一分包容。

第二，用词严谨，把细节性问题解释清楚。客户的较真往往不是他们“故意找碴”，而是有所依据的，只是对疑问的表达方式比较生硬。比如，在没有事先说明的情况下，给客户的赠品是小包装的。那么较真的客户很可能会抓住这个问题不放：“你们之前可没有说明是小包装！”遇到这种情况，如果对客户说：“我们给所有客户配送的赠品都是小包装的”“公司一直都是这样做的”“我们已经赠送了您别的东西”是解释不了他的问题的。这本身就属于销售人员沟通过程中的疏忽，销售人员应该坦承自己的失误，争取他们的谅解。如果客户还是觉得受到了欺骗，只能适当地做出一些补偿。

第三，尽量不去开玩笑。较真的人是不能随便开玩笑的。你觉得是玩笑话，可他却当真了。所以，不能做到的事情不要随口许诺，想当然地以为大家都知道这是客套话，说说无关紧要。若日后客户较真起来，难免遭遇尴尬。

单纯客户：互相尊重去畅聊

人生最美好的时光也许就是童年了。没有生活的压力，没有无尽的欲望和追求，儿童的世界很简单，他们的思想也很单纯，相信爱与美好，对世界充满好奇和希望，活得真实自在。然而，随着年龄的增长，经历的种种都让我们的思想变得越来越复杂，不知不觉中就背上了各种各样沉重的包袱，为生活所苦，为命运所困，再也无法回到无忧无虑的年纪。

能在成年之后，仍然保留着纯真的人是很难得的，他们一定是被保护得很好或是心中善念尚未被现实的残酷彻底摧毁。单纯不是幼稚也不是无知，而是就算经受过种种挫折也始终不愿意用恶意去揣测人心，让黑暗的思想浸染灵魂。

作为一个被生活打磨过的成年人，早已不相信世界上还有单纯如初生婴孩一般的存在。而从事销售工作的人，更不可能是“单纯”的人。

但是也不能否认，无论我们变得怎样的面目全非，单纯都或多或少地存在于我们的意识深处。那本是上天赋予我们的最原始的纯粹。所以，我们还可寄希望于遇到单纯的客户。另外，在营销中，我们也把对产品等相关知识一无所知又不愿意花费时间和精力去了解的“小白”也称作比较单纯的客户。

思想单纯的客户有时会问一些天真的问题，我们应给予他们足够的尊重，不要去取笑他们的“白痴”。对他们的问题也要尽量耐心而认真地解释。

A去见客户：“我们公司举行中秋节酒会，因为场地有限，只有公司主管才能邀请客户参加，而且每个人也就分到两张票。非常感谢您对我工作的支持，所以我特别地邀请您能来参加。”

客户：“啊！只有两张票啊，你们公司好小气啊！”

A：“不是公司小气，实在是场地有限。您也知道我们公司人特别多，如果都邀请去的话，根本不现实。”

客户：“那你邀请其他客户吧，他们如果知道你邀请我却没邀请他们，会有意见的吧？”

A：“没事的，我这次邀请您也是觉得跟您比较投缘，对我的工作也很支持，挺感激的。下次公司再有这样的活动我再邀请其他客户去。”

客户：“我没有做什么啊！”

A：“您看我每次来，您都很客气。我给您送的资料您也都收下了，请您帮忙注册APP，您也非常配合。”

客户：“这都是小事啊！其他客户不是这样的吗？”

A：“对您来说是小事，对我来说这就是支持啊！有的客户见他们一面都非常难的，总是说忙啊，各种推脱，就是不想见我们啊！”

客户：“我觉得你们的工作挺好的呀！为什么他们不愿意见呢？”

A：“因为他们并不了解啊！只是听到一些表面的传闻，就觉得我们的工作是骗人的，是传销，说什么的都有。这都是因为他们不肯听我们讲，对事实并不清楚只一味地排斥。”

客户：“还有这样的人啊！听一听也没什么的嘛！”

A：“对啊，所以说啊，像您这样通情达理，能给我们机会的客户真的是很难得的。”

客户：“这都没什么啦。我要去的话需要穿正式的衣服吗？要不要准备晚礼服什么的？”

A：“不用啦，只是大家在一起聚聚聊聊天，没有那么多讲究的。您穿平时穿的衣服就可以了。”

……

对于“小白型”客户，要能够把复杂的事情简单化。因为单纯的人想法很简单，也以为世上的人和事都很简单，过于复杂的东西会令他们觉得很麻烦，消化不了。所以与这样的客户接触，说话应简单明了，解释也应该清楚明白，不要用一些隐晦的暗示之类的。

就像这个案例中的客户，她根本不会想到所谓的“只有主管才有票”“只有两张”是业务员对每个客户都会说的话，也不会想到业务员邀请她并不是真的因为她的“理解和支持”。对于这一类型的客户，只要能和他们聊到一起，他们就会对你产生信任，加深对你的好感，有助于生意的做成。

世上的事本身并没有多复杂，只是人心多变，才让事情失去了原有的纯粹。单纯的人还保留着对世界本质的美好愿望，这本是每个人内心深处所渴盼和追求的，所以我们应该珍惜和保护这份单纯。真诚相待单纯的人，没有欺骗和背叛，没有利用和算计，只是如朋友一般地互通有无，互相帮助，互相尊重，合作共赢，销售工作也可以因此变得美好起来。

坦率客户：真诚要用真诚换

销售人员的目的是为了把产品和服务推销出去，为达此目的则需要和客户进行有效的沟通。在沟通过程中，准确判断客户的沟通风格，做到有针对性的灵活应对是很重要的。

分辨坦率型的客户其实并不难，他们总是有什么说什么，不会有意隐瞒自己的想法，也不怕暴露自己的劣势，对于销售方有什么要求，都会直接说出来。跟坦率型的客户打交道，不用费尽心思去猜测他们的真实想法，也无须小心翼翼地试探他们的反应，有什么问题直接说出来就好了，不管结果是好是坏，他们都会直言相告。

业务员小吴接到了客户黄先生的电话，说有事要和他谈一下。具体什么事，电话里一时说不清楚，见面再谈吧。小吴听黄先生的语气不算热情，感觉可能会有些麻烦。他仔细想了想与客户合作的情况，好提前做个准备。

小吴所在的这家公司是个新成立的公司，老板不是管理出身，以前也没有多少管理经验，而且新公司成立，前期有很多的琐事，很多地方也会顾及不到。小吴在公司成立之初就过来了，看产品市场前景还不错，就留了下来。

黄先生是小吴谈成的第一个客户。黄先生人很实在，是个有啥说啥的人，看小吴人挺不错的，产品也有市场，就爽快地签了合同。只是由于公司的状况实在有点混乱，所以合作关系虽然维持下来了，但出了几次事情后客户难免心存不满。

有了危机意识的小吴，把见面地点约在了饭店。黄先生本不想来，但架不住小吴热情邀请，也就勉强接受了。见面后，小吴首先说："黄哥，我今天来是特意感谢你的，咱先不说别的，这段时间真的给您添了很多麻烦，太谢谢你了！我都记在心里呢。就是你不打电话，我也会抽时间过来的。你看，这两瓶红酒是我一个朋友从法国带回来的，我专门给你留着呢。走，咱们上去一边吃一边聊。"

小吴的热情让黄先生脸上的表情明显松了下来，笑着说："你太客气了！好吧，咱们吃饭去。"

饭桌上，不等黄先生提出来，小吴就说："黄哥，其实呢，您不说我也知道，公司有些地方确实做得不好。要是那种难说话的人，早就跟公司闹翻了。黄哥您是厚道人，也没说啥，我这心里其实挺过意不去的。之前签合同的时候，给您承诺的没有做好，真是很惭愧啊！"

黄先生道：“唉，这个事儿不怪你，是你们公司的问题。说实话，我今天找你来，就是想跟你说这个事儿。我对你们公司真的是很不满。我合作这么多家，哪家也没像你们三天两头出现问题的。你说说，就像这个发错货吧，发错一次还有情可原，毕竟谁都有疏忽的时候，可你们一个月就出现三次错误，不是件数发错就是型号发错，哪有这样做事的？”

小吴忙道：“是啊，您说的没错。不怕跟您说实话，我们老板不是学管理的，新公司事儿又多，顾得了这头儿顾不了那头儿，忙得饭都顾不上吃还是总出错。你这边第一次出现发错货，我就跟我们老板说了，还特意让他下次交代库管注意点，谁知他一忙别的就把这事儿给忘了，竟然连续出现这种失误。我也是崩溃啊！你说那是老板，我又不能骂他是不？”

黄先生说：“要我说你们这个老板真的不行，你要自己不懂，去请个会管理的人呗，非得自己弄得一团糟。”

小吴笑道：“老板呢，也是年轻，以前以为自己能行呢，现在知道自己忙不过来了，这不才招了一个专门做管理的经理。以后这种事儿基本上就不会发生了。这个也怪我，没有跟踪到位，以后你再下订单，我非得把库管的手机给他打爆了不可，一定让他记住不能再出问题。我说真的！还有那个发货的问题，压货的问题，公司不给你解决，我给你解决！”

见小吴把话都说出来了，黄先生笑笑说：“也就你会忽悠人！以前就是相信你才有这么多事儿！算了，看在你的面子上，这次我也就不说别的了。你小子可得给我保证，下次再出事儿，我可真不跟你们合作了……”

黄先生之所以选择了谅解，主要还是因为小吴的坦诚相对。对于坦率的人，他们自己是真诚的，同时也会要求对方同样的真诚。小吴没有否认己方所出现的失误，主动承认是公司的管理不当和自己的跟踪不到位才给客户带来麻烦。而且在黄先生提出之前就说出，更显示出诚意，用真诚换得了客户的谅解。

异性客户：异性相吸有技巧

销售过程中，接触到异性客户是很常见的。人都说“异性相吸”，男女之间的性格差异会使人本能地对异性产生一定的好奇心。一般来说，女性比较喜欢男性的大度、宽厚、温和、体贴，风度翩翩，而男性则比较喜欢女性的温柔、美丽、优雅、礼貌等等。但是，异性相吸也是有一个度的，把握好这个度才不至于弄巧成拙。

我们先来分析客户是女性的情况。毫无疑问，一般的男性业务员都会比较喜欢接触女性客户，如果这个客户是个美女，性格又开朗大方，那就更完美了。除了女性对男性具有天生的吸引力外，还是因为女性客户通常比较好说话，容易接触。相对来说，女士的心思也会更细腻柔软，即使拒绝也会顾及对方的感受和尊严，不会把话说得很直白。

与女性客户交谈时需要注意的问题主要有以下几个方面：

第一，言语有条理性。与女性客户谈生意，思路要清晰。女性想象力比较丰富，可以轻易从这一个点扯到八竿子打不着的另一个点，如果事先没有一个很清晰的思路，很容易被她们把话题带跑，说着说着就乱了。对于女性客户的跑题，微笑着耐心听，然后在她们间歇的时候把话题扯回到正题上。

第二，亲切而不亲昵。与客户保持一定的距离，是尊重客户也是自重。

言谈之中可以对女士表现出适当的关切和照顾，但是不要过于亲昵。“这个时候来拜访，会不会打扰到您”“看您好像有些疲惫了，我们今天就先谈到这里吧，您多休息，我们下次再接着聊”“女士优先，您先请”“您检查一下自己的物品是否都带齐了，别落在饭店了”，这样一些透着细节方面的关怀而又不轻浮的话会让女士觉得这个男士很细心，很周到，也很安心。跟这样的人打交道是一件令人愉快的事。

第三，大度，爽快。有的女士喜欢占点小便宜，在一些小利益上磨嘴皮子。这时业务员应表现出男士的大度。能做出让步的地方就爽快地让步。若是等女士磨了很久才答应，便会给人留下小气，没有风度的印象。当然，这也是要分情况的。有的女士就是喜欢一点点的磨，这样才会有成就感，她们享受的是这样的一个过程。

第四，对客户的“让利”要明白说出来。把客户能得到的好处清楚讲给她听，并可以适当地夸大，来满足女士的虚荣心和成就感。另外，女士喜欢自己与众不同。语意如：“这个是我费了好大劲儿特意为您申请到的，其他客户都没有的。”如果知道她们是被特别照顾的，她们会更开心。

第五，多赞美，多赞同。无论是什么性格的女士，都喜欢被赞美。夸她们是美女，优雅，有气质，会说话，聪明，能力强，经验丰富。语意如：“真是特别喜欢和您聊天，听您说话真是一种享受啊”“您真是太会讲价了，这价钱我都想自己买啦”等等，即使知道你说的有些夸张，她们也爱听。赞同的话就不必说了，即使客户说的没道理，也要先认同了：“您说的很对，我觉得啊，如果……的话，会不会更好一点？”如果女人讲理还好，如果女人不讲理，你还偏要和她讲理那就是你没道理了，是愚蠢的行为。表面认同，再用建议的方式表达自己的不同观点方为上策。

另外，说一点与谈吐无关，但也很重要的，那就是仪容仪表。女性天生爱美，爱干净。容貌是天生的，但是仪容却是靠自己装扮的。接触女性顾客尤其要注意自己的仪容仪表。没有哪个女士会喜欢跟一个不修边幅，邋里邋遢的业务员聊天。见男性客户虽然也要注意仪容，但是可以适当随意一些，气氛会更活跃，一些小细节男士也不会在意。而女性客户则会通过外在细节给业务员打分。比如衣服是否干净，头发是否梳理整齐，身上是否有头屑，指甲是否修剪等等。所以，销售员在会见女性客户前，最好先照一照镜子，整理一下仪容。

再来看客户是男性的情况。女业务员在与男性客户接触时，其实是有一定的心理压力的。担心遇到的是人品差的人，会给自己带来一些麻烦。也有人认为男士不会有意为难女士，女士天生具有优势，更容易接近男客户，谈单子也更容易。

需要注意的是，销售人员在聊天时应保持谈吐优雅、举止得体。一个有气质，有能力，聪慧而又谨慎守礼，知进退的女人会让男人尊重。另外，销售人员也要学会利用自己的优势，适时地示弱。男人大多有大男子主义，过于强势的女人会让他们觉得咄咄逼人，双方气场对立，难以生出好感。适当地示弱，则更能激起男人保护弱者的欲望，更有可能做出一些让步。

第七章

巧用语态——你的语态，决定客户的“听觉”

声音：拿出最好的声音

销售人员每天都会与客户打交道，对于说与听是再熟悉不过了。但是你了解自己的声音吗？在同客户沟通时，你所使用的是否是你最好的声音？最能感染客户情绪，抓住客户思维的声音？声音和我们的语言同样重要，或者也可以说声音是交际语言不可分割的一部分。同样的话语用不同的声音、声调、节奏说出来，给人的感受绝对是不同的。

我们可以想象一下，用不同的声音和声调来说同一句话："你说得对"。如果声音很轻很小，听起来给人的感觉就很勉强，有些心不甘情不愿的意思；如果用正常的声音大小，不带感情色彩，则是单纯地表示一种肯定，是对事实的陈述；如果用铿锵有力的声音说出，则表达了一种信任与听从；而如果大喊着说出来，实际上表达的却是不认同，甚至心中还有怨愤。

不同的声音搭配各种表情，可以表达出各种各样的情绪，给人以截然不同的听觉感受。在同客户交谈时，你的声音传达给客户的是否是你想要传达的意思？是否能够达到自己的预期效果？这都要求我们对自己的声音有着足够的了解。

要认清自己的声音并不困难，把声音录下来，认真地倾听，认真地感受就可以做到。听听我们的声音是不是太小了，容易让人听不见？还是太大了，让人觉得有点吵？有没有总是带着口头禅，或者一些不恰当的习惯性用语？我们的声音是呆板无趣的，还是生动活泼的？是抑扬顿挫的还是平铺直

叙的？是软弱飘浮的还是铿锵有力的……另外，还要听一听当和不同的人说话时我们的声音有什么不一样？与熟悉的人说话是不是更自然等等。

了解了自己的声音，我们还要知道什么样的声音更适合客户，以便于在同客户交谈时能拿出最好的声音。因为客户的性格和谈话风格不同，所以并没有哪一种声音是可以完美地适用于所有类型的客户的。但是它有几个要点，却是可以相通的。

第一，吐字清晰。吐字清晰才会让客户听得更清楚。说话含糊有时是因为我们的意图不明朗，说出一些模棱两可的话，而有些时候则纯粹是个人声音的问题。遇到后者，则需要对声音有意识地进行训练。也许我们听说过有人为了让自己说话时吐字清晰，口含石子来磨炼舌头的故事，尽管我们没必要这般训练，但也必须重视这个问题。一般情况下只需要平常说话时多注意，适当放慢语速就会好一些。

第二，谈吐自然。自然的谈吐最让人觉得舒服的。过于紧张，会带给客户一种压抑。克服紧张的方法一是事先要做好充足的准备，把可能会发生的情况先在脑子里过一遍，并想出应对措施，不至于到时被客户的一些问题问得狼狈不堪，仓促应对词不达意。二是要平稳呼吸，放缓语速，给自己争取足够的思考时间。过于随意，同样会让客户觉得不舒服，认为是不够重视，不够尊重。

另外，曾见过一些女士在交谈时故意捏着嗓子说话，带点撒娇的意味。或许男士能接受这种说话方式，但女士绝对不会喜欢。销售工作虽然也会有一些应酬，或者说是属于社交的一部分。但毕竟与社交还是有所不同，不应把二者混为一谈，更无须刻意讨好别人，要把销售做成一份有品味、有格调、有尊严的工作。

第三，不急不徐，沉稳有度。话说得太快，会让客户觉得思维跟不上，说得太慢，会让客户不耐烦。不急不徐的声音是跟客户思维相匹配的声音。该快的时候快，节省彼此的时间，该慢的时候慢，突出重点，让客户有消化吸收的时间，印象更深刻。

第四，声音要有感情。言由口出，意从心生。如果心中没有感情，言语就没有鲜活的生命力。从事销售，要爱上这份工作，用心体会其中的乐趣，把每次同客户的交谈都当作一件愉悦身心的事，在交谈中感受与人交往的快乐，并把这种快乐传达给对方。

销售人员要学会利用自己的声音，通过音色、音调、节奏、快慢、情感等的巧妙组合使声音丰富多彩，让自己的声音具有说服力、感染力，用最好的声音来控制客户的听觉。

节奏：说话节奏要分明

说话是一门艺术，不仅与说的内容有关，还与声音的传递方式紧密相连，二者缺一不可。善于利用声音的人能够让言语更为生动，不仅能够传递思想，表达感情，还能给人以听觉的享受，让人在不知不觉中跟随声音发出者的思路而走。

上一节我们已经说到如何利用声音。这一节再详细地分析一下说话的节奏。节奏感的把握很重要。优秀的业务员能够很好地利用说话的节奏，使语言快慢有序，节奏分明，整个谈话过程显得张弛有度，以此来保持良好的沟通氛围。

说话的节奏主要包括说话的快慢、断句停顿、话题的连续性等。

有的人说话很快，尤其是某些做培训的，以说话快成一独特风格，一连串的内容一口气说下来中间不带停顿的。笔者接触过这样的人，由于演讲内容丰富，说话也很有层次感，反而会让人觉得很新鲜，也很有吸引力，而且这种演讲风格也给人一种紧张感，让听众不自觉地全神贯注，不敢走神儿，生怕一走神就错过了重要内容。

但是销售人员与客户的交谈不是演讲，讲得太快肯定会让客户反应不过来，跟不上节奏。所以，与客户交谈切忌像打机关枪一样。当然太过于缓慢也是不合理的，半天说不出来几句话，客户都会替这人着急，谈着谈着就没意思了。

什么时候该快，什么时候该慢？当说一些大家都知道，或者容易理解，一点就彼此心知肚明但是又需要提及的内容时可以适当地快一些。而对一些重点的内容，难以理解的内容，要慢下来做重点强调，甚至做一些重复和提示，加深客户的印象。如此有快有慢，有轻有重，节奏分明才能使语言更加生动。

再来说停顿。中国古代文言文中是没有标点符号的，句读也只是出现在两汉以后，如今天所用的标点符号则出现得更晚。所以以前的读书人，启蒙后一个重要的学习内容就是听先生讲如何断句，如韩愈《师说》中所说“句读之不知，惑之不解……”一句话断在不同的位置，常常会使文字的意思发生很大的改变。

一个书生进京赶考，路遇大雨。正好路边有一户人家，书生便去投宿。这家主人却不愿意收留陌生人，于是便让家人贴了张字条在门上，写的是

“下雨天留客天留我不留”。主人的本意是“下雨天留客，天留我不留”，意思是拒绝。但书生却灵机一动，赶紧向主人致谢，感谢他的收留。主人不解，书生道：“您看，您不是已经写明了‘下雨天，留客天，留我不？留！’”主人见书生机智过人，确有真才实学，便高兴地留他住下。

一个是留，一个是不留，同样的一句话，只是因为停顿不同，便得到两种截然不同的回答，可见停顿的重要性。与客户交谈时，一定要停顿在恰当的位置，避免因此引起客户的误会。

与客户交谈时，保持话题的连续性也同样重要。有的业务员可能不善于说，没有那么多的内容和客户天南地北地聊，但一定要善于听和问，善于接话。

倾听是为了更多地从客户的言语中搜集自己需要的信息，而善于接话和巧妙地问则不仅是为了得到客户的答案，也是为了保持谈话的连续性。如果客户话说完了，而业务人员却没有及时提出下一个话题，就会出现冷场的局面。之前好不容易营造出来的轻松活泼的气氛一下子就没了，这是很尴尬的事情。

所以，我们不仅要把握句与句之间的节奏，还要掌控整个谈话过程的节奏，使谈话能够连续进行，又能富有层次感。例如，有一些话题比较能给人以紧张感，使气氛压抑沉重，后面就要跟一些轻松的话题来缓和气氛。

词汇：用词准确，事半功倍

每个字、词、句结合其所使用的语境，都有其固定的含义。但是，因为中华语言的博大精深，一个词可能产生多种用法，具有多种含义，销售人员在和客户沟通时，需要传达给客户的意思是唯一的。既不能使用有歧意的词语，也不能使用句意含糊易引起人误解的语句。销售人员在话说出口之前要对所使用的词汇的意义及其组成的句子的含义都有清晰准确的了解。用词准确，语意明确，把要表达的意思清楚明白地说出来，让客户理解到位，是每位销售人员都应该做到的。

如何做到用词准确呢？最重要的就是掌握丰富的词汇量和词语的正确含义，并且尽量避免使用含有歧义的词汇。

俗话说“巧妇难为无米之炊”，词语如果词语储备量不足，在应当使用的时候应用不了，只能用相近的词语代替，肯定无法达到最好的效果。比如称赞的词汇有很多，但是它们又各有不同的含义和用法，什么时候该用什么词来形容，如果没有丰富的词汇储备和对词义的准确把握是做不到的。

例如想要赞美一位女客户“美”，直接对客户说：“您长得真美！”会给客户什么感觉？“美”是个好词，但是用得不恰当，就是不会说话，“美”的也变成不美了。直接以“美”来赞美客户显得过于直白，而且这个字也不适用于面对面的口语对话。会让客户觉得太唐突，甚至产生此人比较轻浮的感觉。

换一个词来形容，“好看”行吗？称赞孩子可以，说“这小孩儿长得可真好看！”没有问题，但是用来描述成年女性就不恰当了。“好看”当然是需要“看”的，一见面就只顾着看人家的脸了，登徒子的行为。客户肯定不喜欢听。

再来一个词：“漂亮”。“哎呀，没想到姐您这么漂亮！”女业务人员说出这种赞美之词是可以的，这句话有两个含义，一是说客户“漂亮”，二是说客户比业务员本人漂亮。人只有见到比自己漂亮的人时才会发出惊讶的赞美。这是对客户的一种抬高，客户会比较喜欢听。男业务员如果年龄明显比客户小，也可以用。但是与客户年龄相差不多或比客户年龄大时就不适合了。

再提一提现在跟陌生人见面打招呼最流行的两个词：“美女”“帅哥”。这本是两个好好的词，但是因为被用“滥”了，就失去了原本的意义。“美女，来看看我们的产品怎么样”与“您好！来看看我们的产品怎么样”其实并没有多大的不同，尤其是在对方长相平平甚至有些缺陷的时候。当所有人都可以被称为“美女”时，“美女”也就失去了称赞人“美”的作用。

很多词不是不能用，而是要看用在什么地方，用在什么时候，说话的人是什么身份，面对的人是什么样的性格。仍以这个赞美女客户“美”为例，“美”是一个意义很宽泛的字，“美”要说出“美”在哪里。是外在美还是内在美？赞美外表远不如赞美内心更能深入人心。

再举个例子：

客户说：“我们现在用的产品也挺好的，所以，现在没打算换别的。”

业务员说：“你那都是‘昨日黄花’，早过时了。”

业务员用的成语对不对？显然是错误的。没有“昨日黄花”这个成语，只有“明日黄花”，而且“明日黄花”虽可用来形容过时的事物和消息，也常用来形容女子美貌和青春不再，是个充满遗憾的词。

成语的应用，可以让人感觉到此人文化素质较高，但是前提是用的对。现代人除了学语言文学的，已经很少有人去研究字词句、成语的准确含义和正确用法，失去较真的心态，常常根据表面意思想当然地使用，在懂的人面前就会闹出笑话，反而让人轻看。如果客户和业务员一样不懂那倒也没什么，但若是客户觉得新鲜拿来在懂的人面前使用，闹了笑话丢了面子，不会对业务员产生埋怨吗？

储备词汇除了自己阅读，还可以学习和模仿别人的用词用句，以此来丰富自己。当然，对于自己不明确确切含义的词汇不能够冒然使用，要在弄清楚它的真正含义和用法后再使用，免得用错了，闹出笑话或引起不必要的误会。

另外，要学会应用专业性词汇。专业性的词汇因为有行业局限性，所以适用的范围窄，而且意思固定，不容易产生误解，同时还能够体现业务人员的专业性，在与客户沟通时能起到很好的表达效果。

模仿：模仿客户说话的技巧

销售人员与客户建立良好互动关系的方法有很多，其中一个有效的方法就是使自己的沟通模式保持在与客户同步的频道上。怎样才能与客户保持一致呢？这就需要模仿客户的言谈举止，思维方式等等。使客户感觉到两人拥有相近的性格模式，沟通起来没有代沟，距离自然会因此拉近。

在言谈方面，如何模仿客户的说话呢？有什么技巧和要领？

第一，模仿客户的说话速度。配合客户的说话速度是拉近客户关系的有效方式之一。客户的说话速度与他们接收信息所凭借的主要途径有关。比如，有的客户侧重于用眼睛接收信息，看到一件事物时立即就会做出言语上的反应，这种反应几乎是不经过大脑的。所以这类视觉型的客户，一般说话都会比较快，因为图像的接收很直观也很迅速，他们的反应也就相对敏捷。

而有的客户呢，因侧重于依靠听觉来接收信息。我们知道一幅画一眼就都看到了，而要听一段话则需要一定的时间，所以依靠听觉来判断相对于视觉判断就会稍慢一些，要把声音听完了或听出了全部意思后才能做出言语上的反应。所以，总的来说听觉型客户要比视觉型客户的说话速度慢。

还有一种人，主要是靠思维判断来搜集信息。不管是听到的还是看到的，都要先在大脑里过滤一遍，经过一番思考才会给出自己认为最恰当的言语反应。这种人其实是把自己的本能反应给隐藏了起来，多是一些有城府的人，遇事总是“三思而后行”，不会轻易暴露自己的真实想法。这种类型的客户因为不仅要听，要看，还要思考，所以，反应的时间相对来说就要长一些。这个反应时间不仅是指从接收信息到做出回应的时间，当然也包括说话的语速。

与视觉型客户交谈要能快速做出反应，而且语速也常常较快一些。但是销售人员跟客户毕竟不一

样。客户可以看到什么说什么，销售人员却要考虑所说的话是否能够迎合客户的心理，能否达到自己的目的。所以，为了保持说话速度与客户在同一水平，一个是要事先做好充分的准备，对需要谈论的话题和内容做到心中有数，再一个就是保持注意力高度集中，大脑飞速运转，尽可能地缩短思考所需要的时间。另外，还可以利用辅助语言和肢体语言等快速做出反应，同时中间适当停顿和放缓，给自己留下思考时间。

与理智型的客户交谈语速通常比较慢。既然客户都是经过思考后才做出的反应，明显是成熟沉稳之人，语速太快会让他们觉得毛躁，不牢靠。有些人善于利用语速为思考争取时间。表面看起来，他们的反应不慢，只是语速稍慢，但每一句话说出来都是经过深思熟虑的。

第二，模仿客户的用语习惯。客户的用语习惯包括一些常用词汇、说话语气和地域特点也就是方言。模仿绝不是照搬，而是为了适应客户的言谈风格，并能够迎合这种风格。比如说，客户习惯说“我觉得……”，那么销售人员就应该多使用“您觉得……”这样的问句，使客户的“我觉得……”能顺利出口，而不是也像客户一样总说“我觉得……”，那就成了两个人各说各话，矛盾对立了。当然，使用“我觉得……，您觉得呢？”是可以的，既表达了自己的观点，又给了对方表述的机会。

东北话、四川话、河南话等方言各具地方特色，与客户交谈时能说上两句客户所使用的方言是快速拉近与客户心理距离的有效方法。模仿客户使用的方言能够让客户觉得亲切和受到尊重，并对自身方言产生自豪感。即使学不了很多，能有个三五句就能收到很好的效果了。

第三，模仿客户的肢体语言。在交谈时，客户“看”的是什么？是我们的肢体语言。比如面部表情、手势、姿势等。这虽然都是一些辅助语言表达的方式，但起的作用却不容小视。在交谈时，需要学习和模仿客户的肢体语言，使用客户能够看得懂的肢体语言。如何能够确定客户看得懂呢？当然是跟他使用同一套肢体语言。比如客户喜欢用点头表示肯定，那我们在表达肯定时也可以同样用点头，省去口头的表述。还是那句话，不要照搬，如果每个动作都模仿客户，做得一模一样反而会让客户觉得刻意、怪异和不习惯。

委婉：有些话，需要这样说

同客户交谈时，意思表达要清楚。但是不一定非要采用直接的方式。有些话直接表述会显得生硬，换一种委婉的表述方式反而更容易被人接受。

如何让话显得更委婉呢？

第一，不直接说出，委婉含蓄地表达。

客户想要更低的折扣。当表露出这个意思时，业务员说："我给您的这个价格其实就是按一级分销商的折扣走的，我回去报账的时候也是报一级分销商，您都不能给我说漏了。要是公司知道你是零售，肯定会扣我工资的。上次，我们公司的 ×× 给一个三级分销商按二级的折扣报价，后来被公司知道，直接给开了，说是扰乱市场。这要不是看在 ×× 的分上，又能通过他走一下账，我可不敢担这个风险……"

业务员的目的是拒绝客户提出的更低折扣的要求，但他没有直接说，而是强调和夸大自己所承担的风险，让客户自己感觉再要求降价是不可能的，而且是在强人所难，主动不再提出。类似的表达方式有："之前有一个客户一次性订了五百件，我们都没有任何优惠。"（您这十件二十件的就别想着优惠了）“我要能做主，别说零头了，就是白送给您也成”（做不了主，零头不能抹去）“一分价钱一分货，咱们的质量在这儿摆着呢”（价格高一点是正常的）。

第二，站在为对方考虑的角度上。

芳芳去客户家谈业务。因为客户白天比较忙，没有时间，就约在了晚上。因为客户对挺多内容不了解，所以谈得比较久。客户性格比较大大咧咧的，谈完了业务方面的，又与芳芳闲聊起来，根本没有意识到时间已经比较晚了。虽然客户的妻子也在家，但是芳芳还是觉得应该早点离开比较好。

此时肯定不能直接对客户说不想再继续聊下去了，芳芳便看了下手机，故作惊讶地对客户说：“哎呀，都快十点了！您看我，光顾着和您说话了，都没发现已经这么晚了。真是不好意思，这么晚了还打扰您和嫂子，都耽误你们的休息时间了。忙了一天，您和嫂子都累了吧，我就不打扰了。您和嫂子早点休息，明天我给您电话。”

客户这才意识到时间确实晚了，忙道歉说是自己的疏忽，让芳芳路上小心，注意安全等。

虽然芳芳的本意是想要结束对话，现在就离开，但她表达的意思却是为了客户考虑。说是因为自己的疏忽才没发现时间晚了，又说耽误了客户休息，听起来都是在为对方着想。既让客户听起来觉得她很细心，很会体谅人，又让客户意识到了时间问题，达成了自己要离开的目的。

第三，学会借势。

一次，阿明跟客户谈完生意，正好客户的朋友打来电话约他一起去洗浴中心洗澡。客户兴致很高，硬要拉着阿明跟着他们一起去。按理说，刚同客户谈完生意，正是应该巩固关系的时候，不应拒绝客户的提议。但是阿明又实在不喜欢去那种地方。如果直说的话，肯定会让客户觉得没面子，一般的借口又不管用，于是阿明只好把媳妇“抬”出来了。

阿明笑着对客户说：“哎呀，不怕您笑话，我这家里有河东狮吼啊！我媳妇管的严着呢，平时晚回去5分钟都得好一番审问。要是晚上出去应酬，那保管不到二十分钟一个电话。她要知道我去洗浴中心啊，今天晚上这跪搓衣板是免不了了。大哥，您就饶了小弟吧！”

客户笑道：“没看出来，你这还‘妻管严’啊！”

阿明笑道：“咱这是‘好男不和女斗’，不跟她娘儿们一般见识。维护家庭和谐嘛！只是对不住您了，不能陪您一块儿过去了，您看要不我送您过去？”

客户忙道：“那倒不用了，我有朋友，我们一起去。你不能去那就以后再说吧。”

阿明把拒绝的话说成了是受媳妇所迫，逼不得已。虽然自揭了短处，却也让客户没有感觉不舒服，自然要比直接拒绝和说不出有说服力理由的推托效果好。而且关系到夫妻感情和家庭和谐的问题，客户也不好意思强拉着再去，不然那就是给人家制造家庭矛盾了。

遇到类似的情况，既不能顺了客户的意思，又不能得罪客户，还要找出足够有说服力的借口，巧妙使用借势之法是一种聪明的选择。一般可以拿配偶、孩子、领导、客户等当挡箭牌：“媳妇管得严”“我老公这人比较小心眼儿，大男子主义”“得去幼儿园接孩子”“我们领导不同意”“昨天就已经跟客户约好了，他明天又要出差了，今天见不成的话，不知道得等到啥时候了”……

总之，能用委婉的方式来表达，就不要过于直接。给客户保留足够的体面，才能尽可能多地获得客户的好感和信赖。

感谢：感谢语态要丰富

销售人员在与客户沟通时，表达谢意是很常见的情形。表达感谢不仅仅是说出“谢谢”两个字，而是要把感谢的心意传达给对方，让对方能够感受到。为了获得更好的表达效果，就需要把说感谢话语与各种语态做到完美的结合。

第一，感谢的时机。从整个与客户会面过程来说，感谢包括开场时的感谢，结束时的感谢和沟通过程中的感谢。开场语属于暖场的一部分，主要是为了消除陌生感，拉进彼此间的距离。此时的感谢用语多是感谢对方提供了此次会面的机会，是一种礼貌和对对方的尊重，抬高对方的身份，同时也表示了自己对这次会面的重视。

沟通过程中的感谢则是根据谈话内容来定的。当客户表露出善意、信任、体谅、合作诚意、让步等对业务人员一方有利的言语时，业务人员都应该表达出对客户的感激。每个人都喜欢被感激，这是个人价值的一种体现。及时对客户表达感谢，满足客户的虚荣心和自豪感，让客户感到他的作为得到了相应的回报，因而获得满足和愉快的心情。

结束交谈时的感谢是一种总结式的感谢，可以重复寒暄时的感谢用语，感谢客户给予的这次见面机会，可以感谢客户在整个沟通过程中配合，感谢客户付出的时间和精力，感谢客户的信任等等，表达自己对本次会面的满意度，给本次会见做一个完美的总结。

第二，常用的感谢用语。

常用的感谢用语有："谢谢""多谢""谢了""非常感谢""太感谢了""多亏了您的帮助""我都不知道该怎么感谢您了""真是无以为报""您真是帮了我的大忙了""感谢您百忙之中能抽出空接受我的约见""谢谢您的体谅""感谢您的配合""没有您的帮助就没有我的今天"……

对于比较简短的感谢用语，如"谢谢""非常感谢""太感谢了"，常常叠加使用以增强感谢之意，给人的感觉是说一遍不足以表达出感激之情。

第三，感谢时的声音。

语言是通过声音表现出来的。前面我们已经详细分析过，不一样的语调、语气、语速、节奏等在说同一句话时带给听者一方的感受是截然不同的，感谢时也同样如此。声音清亮节奏明快，是带着喜悦之情的感激；声音低沉，语气较重，简洁有力是表示自己会把这份感激铭记在心的意思；声音不高不低，不快不慢，没有起伏变化表达的是礼节性的感谢，属于客套话……

第四，感谢时的表情。

表情也同样是根据当时的语境和自己所要表达的情感来表露的。根据不同需要来搭配不同的表情，如开心喜悦的表情、郑重其事的表情、微笑温和的表情、感激涕零的表情、夸张搞笑的表情等等。说话时眼神的配合也很重要，要看着对方的眼睛，但又不能死盯着客户，而且不能长时间看对方的眼睛，那是不礼貌的行为。

第五，感谢时的肢体语言。

表达感谢时常用的肢体语言有点头、握手、鞠躬等。点头是对自己所说的话的一种肯定，而握手则是通过肢体的接触来表达情感的普遍用法。握手一般在刚见面时和告别时使用，交谈中也可以使用，只是比较少，这要根据客户的性格来定。鞠躬则是一种很正式的表达方式，日本人多用，国人已经很少使用了。还有些人习惯于拍客户的肩膀或拍自己的腿来表达情感，个人不建议使用，一是因为拍腿显得太兴奋有些夸张，二是因为不熟悉的客户并不喜欢与人有肢体上的接触。

应用感谢用语的注意事项：

第一，感谢要及时。及时回应是对客户的尊重，也是能够达到最佳效果的方式之一。如果本应当即说出感谢之词却等到谈话已经结束时再说，客户的热情已经冷却，甚至已经想不起来是怎么回事了，感谢也就失去了它的意义。

第二，感谢要真诚。无论是礼节性的客套说辞还是真心实意的感激，都要给客户真诚的感受。如果情感实在达不到，那就通过声音和表情以及肢体语言来辅助表达。

第三，感谢要周全。如果感谢的对象不只是一个人时，要对所有人都表达感谢，不能顾此失彼，也不应厚此薄彼。

否定：否定语态要“干净”

双方能够互相肯定，说明沟通是顺畅的，每个人得到的答案都是自己想要的。如果有可能，相信每个业务人员都希望对客户说“是”，让客户各方面都满意，最终获得客户的“是”。但是，事实上，营销活动是利益分割，就具体某一部分利益而言，对方得到的多了，自己得到的就少了。所以，当客户所提出的方案给业务人员一方带来的利益损失超出了预估时，必需要对客户说“不”。

有的人认为，如果说“不”，客户得不到预期的答案和结果，心里肯定不高兴，那么对合作沟通是不利的。所以，这部分业务人员就会说一些模棱两可，或者给客户希望的话，想办法尽可能地拖延时间，也就是说在给客户的否认上添加了许多小尾巴。

例如：有客户与业务员A联系，说想谈一谈合作的事情。见面后，A了解了客户的情况，觉得客户目前所经营的项目以及店面规模与自己公司的产品需求并不匹配，基本上可以确定公司是不会同该客户合作的。但是，A又不想得罪客户，毕竟人家很热情地找来了，两个人沟通过程中也非常配合，可以说是有问必答。现在都谈完了再告诉人家不能合作，客户肯定会很生气。

考虑之后，A告诉这位客户：“目前公司合作的客户中还没有像您这种类型的店，如果您真想合作，这件事情需要经过领导批准。领导正好出差了，等过两天才能回复您。”

客户说：“我是真的诚心想合作，就看上你们的产品了。你一定多给你们领导说说好话，帮我申请一下哈，完事之后我一定好好谢谢你……”

A答应了。

两天后，客户打电话问A跟领导沟通得怎么样了。A说领导这两天特别忙，还没顾得上。就这样一拖再拖，最后客户也着急了，A才不得不说实在是因为您的项目，不符合我们公司产品需求，所以合作不了。

客户听了大怒，早说合作不了不就完了？为了等着与你们合作，我都把别家的一口回绝了，现在才来告诉我不能合作！浪费时间！

像这个案例中，A在确认不能合作的时候，就应该坦白地说出来否定合作的话。但是，因为他的顾虑，给客户的否定并不干脆，让客户误以为还是有机会合作的，结果造成了比当即回绝更尴尬的局面。

事实上，客户在提出任何一项要求时，都有被肯定与被否定的自我意识。换句话说，也就是客户早就做好了被否定的心理准备，甚至还为此准备了各种应对方案。所以，业务人员完全没有必要怕否定的话会得罪客户，会让客户丢了面子。

否定的话一定要“干净”，要让客户明确地知道他的要求是“不可能的”。业务员所要考虑的是，如何将这种否定的话用相对委婉、易被客户所接受的方式说出来。

客户压价。

业务员B说：“哥，咱们第一次合作，按理说您有要求，我们应该尽可能地满足。但是价格这方面，真是不能再让了。如果公司能给出更低的价格，哪怕是我们经理能给出更低的价格，我都会尽力去给您争取。您想直接和我们经理谈都行。您要是不相信，我这儿有我们经理的电话，我可以当着您的面给他打电话问他。”

业务员B的话实际上是把客户拒绝得非常彻底，没有给客户留一点希望。但是，也正因为彻底，反而更容易让客户相信是真的不能再低了。关于价格或者其他的权益的争夺上，一些客户并不清楚业务员一方真正的底线在哪里，他们提出降价或者其他的要求只是在做试探。业务员“干净”的否定更容易让他们相信已经到达底线，接受起来也并不困难。

业务员B的说辞之所以更能被客户接受，是因为他在否定客户之前，先做了肯定："您有要求，我们应该尽可能地满足"。这也是很重要的一点。把肯定放在否认之前，是为了做一个气氛的缓冲和转折前的铺垫。先表现出对客户的高度重视，越是重视，越能显出后面否定的无可奈何，不得不为。

对比A与B两位业务员拒绝客户的处理方法，A虽然当时没有得罪客户，但最后还是因为拒绝而把客户彻底得罪了。B虽然当时就拒绝得干脆，客户在有心理准备的情况下并没有对此不满，反而在价格上能够很快达成一致，对销售成功起到促进的作用。所以说，否定客户的话一定要做到"干净"不留争议，客户能接受更好，不能接受可以寻找其他的解决办法，切莫要因为表达方式上的不当而给双方带来后续上的麻烦。

第八章

先声夺人——像专家一样说话

说客户能听懂的专业话

秦女士应邀到做茶叶生意的朋友马先生家去喝茶。秦女士喜欢喝信阳毛尖，喝了好多年了。而马先生给她推荐的则是一款黑茶。倒了茶之后，马先生讲了这种黑茶中含有咖啡碱、儿茶素、茶多糖等化学成分，能抗氧化、降压降糖、防癌抗癌等。秦女士没怎么听明白。喝了几杯，秦女士说茶没什么味道，有点儿涩涩的，就是看着茶的颜色挺深的，问马先生是不是茶叶放多了。马先生说没有。

这时，又有客人去喝茶，马先生现泡了该客人专用的调理血压的茶。秦女士一看茶的颜色，说“哎呀，你之前给我喝的是隔夜茶吧？”马先生说确实是昨晚开始泡的。

秦女士说：“你这不是坑人吗？我说怎么味儿有点涩呢，之前还不确定没敢说出来。我就说嘛，我喝信阳毛尖就是，要是隔夜茶，颜色就比较深，一看就看出来了。”

马先生解释说：“这个茶是需要提前泡的，而且隔夜茶是可以喝的，不影响它的功效。”

秦女士说：“以前都说隔夜茶不能喝，喝了会拉肚子。后来我在一个生活小常识上看人家说的隔夜茶没事儿，也可以喝。喝了也没事儿，但肯定没有当天现泡的好，你下次可不能再给我们喝隔夜茶了啊。”

第二天，马先生又邀请秦女士去喝茶。秦女士说：“我不能喝那个茶啊，昨天回来还没什么事儿，可是晚上头昏得不得了，也不知道是喝黑茶喝的，还是喝隔夜茶喝的。"

马先生说："没事儿，那是正常反应。你多喝几次就好了。"

但是秦女士始终不肯相信。

在这个案例中，马先生应用了专业知识，因为他讲到了茶叶中含有什么化学成分。但是，这些化学名词对秦女士来说却是陌生的，所以并不能打动秦女士。如果在这里换成一些案例，讲谁谁喝了多久，身体发生了哪些改变，或许更能引起秦女士的兴趣。而在后面，当秦女士对"隔夜茶"和喝了茶后"头晕"这两个问题产生疑问，并拿信阳毛尖和黑茶做对比时，正是需要马先生利用专业知识解释透彻，打消秦女士疑虑的时候，但是马先生的解释却明显不到位，没有力度和说服力，最终还是没能让秦女士满意。

专业能够增加客户的信任度。所以，销售人员需要掌握相应的技巧。就语言而言，能够体现专业性的主要有专业词汇的应用，系统的沟通模式，完美的应对话术等等。但是与客户沟通，并不是让我们背诵那些写好的话术和技巧，而是要把这些专业性的知识转化成自己的语言重新进行组织，既含有专业性，又能让客户听得懂。再说一个小故事：

一位老人去银行办理业务，需要设置密码。但是，老人不懂密码设置规则，输入几次都不合格，银行的工作人员告诉他密码不能是六位连号或重复数字。老人还是听不太明白，仍然设置失败。旁边的保安走上前对老人说："你按数的时候别按成'豹子'和'顺子'就行了"。老人一下子听明白了，操作成功。

银行工作人员的说法虽然专业，但是客户听不懂，还是无济于事，反而不如保安贴近老人生活的说法来得有效。我们不去考虑故事的真实性与否，只是拿它来打个比方，说明与客户沟通，要把专业语言转化成客户能够听得懂的话。

销售是最能体现见什么人说什么话的工作之一。不同的客户，需要采用不同的说话方式。比如，有的客户对专业方面的知识很熟悉，跟他一说产品名字他就知道是什么材质，什么工作原理，有什么功效，是不是他需要的等等。这种情况下，如果业务人员再跟他解释一大堆，他不会觉得业务人员是在为他考虑，而是会认为业务人员说话啰里啰唆，办事效率低，看低人的水平，智商有待提高。相反，遇到像故事中老人那样的客户，你跟他说“连号”他根本就不知道什么是“连号”，把“连号”解释成“顺子”他才能听得懂。

客户自身专业知识的多少决定了业务人员在与他们交谈时谈话方式。说客户听得懂的专业话，遵循的一个原则是在专业的基础上使用客户方的语言。何谓“客户方的语言”？就是银行保安所说的“顺子”和“豹子”。

数据、证书、参数更有说服力

销售人员要获得客户的信任并不是一件很容易的事。现代人的防范心理相对比较强，不容易相信别人，何况客户所接触的销售人员很多，不能让客户信服并及时下定决心，很可能就错失了合作的机会。

如何才能让自己的语言具有说服力呢？除了应用专业性的词汇和话术，

适时地提供给客户明确的数据、证书以及参数，更能增加言语的可信度，要比反复地说“我说的都是真的”“请您相信我”更有效果。就像我们平时买衣服一般都会看吊牌。上面标示着衣料成分、比例、检验合格等说明。不管真实情况是否与标示的有出入，有了这个吊牌顾客更愿意相信它的真实性，买得心安。

在人们的印象中，数据和参数是从哪里来的？就成分参数而言，大多数人都会认为一定是通过测验得来的，是有所事实依据的。就以衣料为例，若是没有配比，哪里能得出来各种含量百分比的数值？数字对应的便是成分的占比，客户看到数据便知某成分含量的高低。数据和参数都包括哪些内容？常见的有以下几种：

第一，时间和日期。就好比是顾客去商场买副食类的商品，都会看一看生产日期，最近的日期意味着是最新生产的，更新鲜。所以，业务人员所销售的产品如果保质期是比较短的快速消费品类，一定要告知客户关于日期方面的数据。

客户：“你们这个产品的保质期有点短啊！别人家的都是40天。这要过期了不就坏了吗？”

业务员：“是这样的，保质期并不等同于变质期。您看我们的产品保质期虽然标的是28天，但实际上超过28天产品并不会马上变质，仍然是可以食用的，我们的产品也可以达到40天的保质期。为什么标28天呢？那是因为采用这种包装工艺，28天的时候是细菌有可能开始滋生的最快时间，这都是实验室经过无数次的试验得出的结果。这个时间是最保险的，为了确保产品不变质，所以我们把保质期定为28天。一旦产品超过28天仍然没有销售出去，我们会做到100%的回收，不会让超过保质期的商品积压在客户手中，更不会让这类商品流入顾客手中。”

在业务人员关于保质期的解说中，他用最快28天细菌开始滋生这个经过实验证实的数据来说明为什么保质期只有28天。也解释了保质期和变质期的区别。让客户意识到虽然其他公司的产品标的是40天，实际上还是具有一些安全隐患的。反而是这种28天的标法更让人放心。

第二，成分占比。

客户：“我想要纯棉的，可是你看你们标的只有85%。这哪是纯棉的啊？”

业务员：“姐，您可能不太了解咱们这个行业。在行业里，只要是棉纱含量超过65%就可以说是纯棉的，并不是说达到100%才是纯棉。而且真正纯棉的是没有弹性的，也不耐磨。而我们的产品，含棉量已经算是很高的了，而且加入了莱卡成份后，不仅使面料具有弹性，还更贴肤，穿起来更舒适。您看这一种，这也是纯棉的，但是它的含棉量只有70%不到，您自己摸一摸对比一下就能感觉得出来。”

在这个案例中，客户只知道纯棉的好，但是对何谓“纯棉”并不真正了解，而是从字面意思认为含棉100%才是纯棉。业务员用行业标准参数向她解释了85%是符合“纯棉”标准的，打消了客户的疑虑。

第三，销量及营业额。展示销量是为了让客户看到美好的“钱景”，给客户增加信心，属于“利诱”。

客户：“以前也没卖过，不知道你们这产品好不好卖啊！”

业务员：“肯定好卖，您放心吧。我们在西区的一个店，这次‘十一’国庆节的时候做活动，才短短三天的时间，就卖出去二百多箱。”

业务员所提到的销售数据肯定是个例，不会是所有店都三天卖二百多箱，更不可能随随便便哪三天时间都可以达到这个销量。但是，因为有了这个数据上的参考会让客户忽略掉这些因素，只关注“三天”和“二百多箱”。在客户看来，既然别人能够卖出去这个数，他的店当然也不会差。业务员用数据说话，既增加了可信度，也利用了客户的攀比心理，可谓一举两得。

第四，利润。利润是客户最关注的内容。在沟通这方面时，如果能用数据说话，自然更有说服力。单品的价格是多少，销量是多少，减去开支，剩下净利润是多少等等，给客户算一笔账，客户心里有了“数”，自然也就安心了。

而证书代表的是权威，以专业机构的检测或认可来确定数据等的真实性。例如生产许可证、某机构鉴定证书、合格证、营业执照等等。有了证书，就说明某种说法是被权威部门认同的，相当于加了一层保险，可信度自然更高。说的人有了底气，听的人自然也就多了信任。

放慢速度，专业话要慢慢说

与客户交谈时要拿出最好的声音，这也就涉及到语速的问题。语速快慢给客户的感觉完全是不一样的。为了配合客户的听觉和思维，需要销售人员适时地调整说话的语速，使交谈快慢有序，富有节奏感。而在沟通一些专业方面的问题时，为了让客户能够更好地理解，需要放慢速度，加深客户的理解。

有些业务员会有这样的一种心理：不可能遇到一个客户就成交一个，只要我把自己想要说的话说给他听了，结果如何就要看对方的意思了，不是自己能掌握得了的，他要有兴趣，就接着谈，要没兴趣就起身走人，反正自己已经尽力了。这种想法是很不成熟的表现，是没有底气，没有自信也没有应对能力的反应。

很多销售新人会经历这样的一个心理过程。经历得多了，总结出了经验和应对技巧，慢慢地也就学会了从容应对，心理放松，语言上也就放缓了，给客户的感觉也更稳重。明白了这个道理，我们就会知道，越是说得快，越能暴露出自己的不足之处。所以，一定要稳定自己的气场，把语速调整到合适的节拍。

另外，还有一些时候需要特别地注意把语速放慢。

第一，客户的性格偏向于喜静时。

业务员去见客户，为了展现自己的口才，也是为了不给客户拒绝的机会，一直滔滔不绝地讲解。谈话结束，客户并没有什么表示，业务员觉得反正自己该说的已经都说完了，如果客户不认可，那只能说明没有合作的缘分。

等业务员走了，客户捂着脑袋："吵得我头嗡嗡响，都不知道他在说什么！"

一些年龄比较大的人和一些喜欢安静的人都不喜欢说话语速太快的谈话方式，这对他们来说是一种折磨。而且语速快，代表着性子急、毛躁，考虑事情不周全等。遇到这种类型的客户，如果业务员能够放慢语速，使客户听觉上能够接受，首先就比说话快的人多了几分机会，至少客户肯听你说话，知道你在说什么。

第二，专业用语比较多时。说行话虽然可以方便业内人士交流，但并不是每位客户都是很精通的。所以，应用专业词汇比较多时，一定要说得慢一些，让客户听明白，同时观察客户的反应。如果客户表现出疑惑，则要及时地进行解释。

业务员："咱们C1型的产品是卖得最好的，80%以上的客户都会拿这个做主打产品，然后再配上少量R1型的做高端。S型的虽然也有人用，但是不上档次，顾客用的少……"

业务员滔滔不绝地说了很多后，客户才问："什么是R1型，什么是C1型？你说的我听不明白，能不能给解释一下？"

业务员："哦。说习惯了，不好意思啊！C型的是铜质的，它的导热性能好，传热快，而且用起来很方便。R型是木质的，效果要比铜质的好一些，但是费人工，如果是在店里用的话时间成本比较高。S型的就是不锈钢的，没有前两款上档次。C1就是单个的，C3是三联的。就是这么个意思。"

客户："哦，你这么一说我就明白了，刚才真是听蒙了。"

在这个案例当中，业务员对"C1""R1"代表着什么是清楚的，但是却忘记了客户并不了解。只为了图方便直接拿产品编号代替，结果客户完全听不明白，只好再从头解释一遍。如果是一个稳重的人，在说"咱们C1型的产品是卖得最好的"这句话时就应该慢慢地说，突出"C1"，看客户的反应。如果客户表现出疑惑，就应该及时的解释"就是纯铜单个的这种"。先让客户把这些编号代表的什么产品弄清楚，再讲下面的话。不至于等他后面说了很多了，客户还在想"C1"是个什么东西，后面的话等于白说了，还要重新再说一遍。

第三，内容比较重要时。当双方谈论的内容涉及利益攸关的点，必须要放慢说话速度。此时，一是为了确定所说的话客户有没有异议，使客户有异议的话有时间当场提出来。然后双方再做进一步的沟通。另外一个也是为了强调此部分内容，让客户印象更加深刻。

第四，当客户没有发表完看法时。“抢话”无论是在日常交流中还是在营销过程中，都是不招人喜欢的。不管客户所说的话是不是废话一大堆，也不管业务人员是否已经对客户接下来所说的内容一清二楚，都不应急匆匆地打断客户的话。这是很失礼的行为。

总之，说话是一门很有技巧的学问。运用得好，会让自己显得更专业，更能受到客户的欢迎。能在语言上打动对方的人，总是会多一分成功的机会。

适时附和，彰显友好

销售人员要与客户建立起良好的合作关系，首先要赢得客户的认可。不仅仅是公司、产品这些硬性的条件要符合客户的利益需求，能够触动客户的投资心理，销售人员本身的人格魅力能否征服客户也至关重要。如果沟通过程让客户感觉聊起来很舒服，给客户留下“这个人不错”的印象，即使当时未能确定合作事宜，仍然是有机会继续跟进的。不管是销售人员还是客户都是需要不断地接触人来拓展自己的人脉圈的，所以，大多数大客户并不排斥销售人员，只不过让他们感觉可以聊得来的人自然更容易接近他们，而“话不投机”的人当然就少了很多的机会。

如何才能与客户处好关系，让客户感觉与销售人员沟通比较愉快，气氛

比较融洽，让客户不排斥同销售人员交谈呢？在沟通过程中，对客户的言语适时地附和能够帮助销售人员更好地实现这个目标。

附和是一种回应，一方面表示在倾听，另一方面则是对客户的一种肯定。每个人都希望自己的言语能得到别人的认同，满足客户的这种心理需求能够获得客户的认可，拉近彼此的距离。那么，怎么才能算是适时的附和呢？

第一，当客户发出明显的询问信号，需要销售人员做出回应时。比如，有时客户会用询问的眼神看着销售人员，有时则会说一些“对吧”“你说是吧”“这不是明摆着的事吗”等等这一类的问句。有的时候，客户这样做是希望得到销售人员的肯定，而有的时候客户未必真的需要销售人员的回答，这种表现只是无意识的，是一种心理上需求认可的外在表现。即使销售人员不予回应，他们也会接着说下去，甚至本来就没有留下给销售人员发表观点的时间。

不管是哪一种情况，如果出现了这种询问信号，销售人员都应该做出相应的回应。如果客户是有意识的询问，希望得到某种确切的回答，销售人员可以在做出肯定的回答之后再对客户的观点进行发挥阐释，包括引用自身经历的一些案例来印证客户的正确性。如果客户只是无意识地发问，类似于口头禅似的问法，销售人员则只需要点头微笑或者简短地说“是”“对”，既对客户做出了回应，又不影响客户接下来要说的话，保证了客户说话节奏和思路的连续性。

第二，客户言语有所停顿的时候。

当客户言语有所停顿时，对客户之前的言语做出附和，是一种总结性的语言，也是对话题的过渡和衔接。常用的句式类似于：“您说得太对了，我也是这么认为的！您看我们是不是沟通一下合作方面的细节？”

客户对某一话题表达完自己的观点不再开口时，需要由销售人员主动提出下一个话题。而在两个话题之间使用附和的语言就是一种很好的总结和过渡。

第三，对客户的言语进行否定之前。

之前我们说过，在对客户进行否认之前最好要先对客户的某一部分观点表示肯定，也就是在附和中进行否定，先扬后抑，是为了对即将做出的否定做一个缓冲。常用的句式有："您说的有道理，不过我觉得如果怎样怎样是不是会更好？"

一客户前去买车，问销售人员："听朋友说，1.6L 的比较省油，是不是啊？"

销售人员："您的朋友是不是主要在市区内开车？"

客户："是啊！"

销售人员："如果主要是在市区内开车的话，您的朋友这么说是对的。但是如果你想跑长途，1.6L 的就没有 1.6T 的合适。1.6T 是指采用涡轮增压，这种车子马力大，速度快，跑高速比 1.6L 的更省油。主要还是看您是经常在市内用还是跑远路。"

当客户说出是朋友告诉的 1.6L 的省油时，销售人员能不能直接说"您朋友说得不对"，答案肯定是不能的。那不成了说客户的朋友是在欺骗他？但是又不得不告诉客户 1.6L 与 1.6T 的区别，所以销售人员先问明了客户朋友车的主要用途，首先肯定了朋友告诉他的话是对的，但是有一定的前提条件，然后再解释两者的区别。既不用得罪客户及其朋友，又把问题向客户解释清楚了，有助于帮助客户做出正确的选择，体现了销售人员的专业性和话语的严谨性。

说话恰到好处，凸显专业

营销过程就是一个用语言说服对方的过程，同样的产品，为什么有的人卖得好，有的人卖得不好？这跟说话技巧有着很大的关系。销售人员不仅要能把肚子里的话倒出来，还要会说话，说得恰到好处，让客户听到心里去。

赵先生带着孩子去一家视力康复中心想为孩子治疗近视。店内工作人员小张接待了他们。

“我们孩子眼睛近视。你们这儿怎么治疗？”赵先生问。

“这样的，先生，我们先来给孩子做一个全面的视力检查。然后我们再来谈怎么治疗好吗？”

赵先生：“我们在学校都已经检查过了。”

小张：“学校虽然检查过了，但是我们并没有具体的数据，所以并不能判断出孩子的真实情况。就算之前在别的医院做过了全面检查，医院还是要重新检查的，医院要为自己的病人负责。而且学校的检查只是一个大体上的近视筛查，除了近视，是否还有弱视、散光、斜视以及眼底病变等都是不知道的。您既然带孩子来治疗眼睛，说明您对这方面是很重视的，您也希望能够更全面地了解孩子的眼睛状况吧？”

赵先生：“好吧。”

小张先给孩子打了验光单，然后又做了各项视力检测。此时已经过去半个小时了。赵先生是个急性子，等得有些不耐烦。问道："检查个视力怎么要那么长时间？其他医院也只是看个视力表就行了。"

小张："我给您分析一下检查结果您就知道为什么需要这么长时间了。您先看这张验光单，孩子的左眼裸眼视力是0.25，也就是不带眼镜只能看到视力表上0.25那一排。如果是单纯的近视，他的左眼近视度数应该在400度左右，也就是配个400度的近视镜片才可以看到1.0，但是事实上，您看验光单和插片结果，孩子的屈光度只有80度左右。配不到100度的近视镜片就足够了。为什么会有这样的差异呢？那是因为孩子不仅仅有近视，还有300度左右的散光。这个散光度数已经算是中高度散光了。您的孩子以前是不是在医院里滴过散瞳？"

赵先生："散瞳？不知道，反正是滴过一种液体，像眼药水似的。滴了有七八次吧。"

小张："您孩子的近视情况并不严重，反而是散光严重。这跟滴散瞳有很大的关系。这种药多是一种叫阿托品的药物。它的作用是麻醉视神经，使视神经萎缩，从而改变屈光度。所以，滴这种药可能会使眼睛一下子看得更清楚，对近视状况有暂时的缓解。但是，用这种药必须保证完全遮光，就算是晚上都不能见光。现在几个人能做到？做不到的结果就是视神经永久性地瘫痪。所以，您孩子的散光度数才会那么高。"

赵先生一听，非常生气："这医院怎么能这么做？他们不知道这药有这么大的副作用吗？我就说孩子刚开始眼睛近视也没多严重，你看现在都戴多厚的镜片！这可咋办？你们这里能保证给治好吗？得多少钱？"

小张："我们这里就是专门治疗眼部疾病的，当然可以治。如果是单纯性的近视，像他这个度数，只需要三次用药就可以，我们可以保证摘掉眼镜，达不到全额退款。但现在还加上了高度散光，就要按散光来治疗，结果能治疗到哪一步我们不做保证。而且，哪家医院医生也不敢给您保证百分百能治得好，是不是？所以，我建议您先做一个疗程看看孩子视力恢复情况如何。如果恢复情况能达到我们的签约标准，我们会给您签合同做保证的。”

赵先生：“好吧，那先做做看看。”

在这个案例中，小张的言语就比较能够把握住分寸。一开始，顾客直接就问怎么治疗近视。小张并没有回答如何治疗的问题，而是让孩子先做检查。连具体情况都不了解，如何制定治疗方案？凭什么给顾客做出保证？小张的说法既没有直接驳斥顾客的话，也让顾客明白了先做检查的重要性。

当顾客说出已经检查过了时，小张举了去医院每次都要接受化验检查的例子，从某种意义上来说这也是医院负责任的一种体现，以此来说明自己给孩子全面检测也是对孩子负责任。又说出顾客很关心孩子的眼睛健康，肯定愿意知道孩子眼睛的详细情况。这样顾客就没有话说，接受起来也比较容易。之后也是回避了顾客不满的地方，而是把注意力引到孩子眼睛情况上，使顾客不知不觉中就忽略了对检查时间长而产生的不满。后面的分析更是利用专业知识让顾客明白孩子眼睛的真实状况，为制定治疗方案以及不当即做疗效保证打下了基础。

销售中处处离不开说话。销售人员需要提高自己说话的水平，把握言语的分寸，用专业来打动客户，达到自己的销售目的。可以说，说话能力的高低就是决定一个人成功快慢的主要因素。我们不需要“把死的说成活的”，只需要恰到好处地体现自己的专业和用心。

第九章

有效提问——问对问题巧引导

说得多不如问得巧

在销售沟通中，提问和倾听是同样重要的两部分。倾听能够帮助我们了解客户的真实想法，以便更好地应对。而巧妙的提问，则能够引导客户把我们想要知道的信息透露给我们。客户回答得越多，我们能得到的有益信息也就越多。

俗话说："说得多不如问得巧"。问问题不一定是问得越多越好，而是越巧越好。销售人员要学会用尽可能少的语言引出客户尽可能多的回答。如果不注意提问的方法和方式，不仅会让客户觉得是在有意打探他的隐私，使客户产生防备心理，不愿意过多透露，甚至还会产生反感，那就得不偿失了。

销售中，需要掌握哪些提问技巧呢？一般来说，要遵循以下几个原则。

第一，询问要有礼貌。询问普通的问题应表现出亲和力，向客户请教问题时则要表现出谦虚好学和对客户的尊敬。不管问什么问题都要大方得体，有礼貌，不能让客户觉得冒失或不妥当。

第二，提问要有核心内容。销售人员每一次和客户的沟通都是带有目的性的。不要漫无目的地闲聊，当结束交谈时应该能收集到自己想要的绝大部分信息才对，比如客户的购买意愿是否强烈，客户对价格能否接受，能够成交多大的订单，什么原因导致客户还在犹豫……否则，这次沟通就是对时间成本的浪费，是做事效率低的表现。当提问的目的达到以后，如果客户还有兴致聊天，这时再适当地放开话题范围。

第三，提问时不宜过于突然和尖锐，问题应由易到难。有些问题客户不需要思考，也不涉及利益问题，客户张口就能回答，但对我们又是比较重要的，比如，客户做这个生意有多少年了？孩子在哪儿上幼儿园？这样的问题虽简单但却非常重要。由这样的话题开始，客户会比较放松，没有压力。慢慢地把话题打开，客户再回答后面的难题时也就水到渠成了。

第四，提问时不宜过于刻意，应自然而然地提出。要把客户当作朋友，把和客户之间的交谈当作和朋友聊天。把自己想要知道的问题融入生活对话中。营造一个轻松自然的谈话气氛，不要把交谈弄得跟谈判似的充满紧张感。

第五，不应一次问多个问题。一个问题一个问题地问，这样客户才能有针对性的回答。如果同时问多个，客户可能回答了这个却忘记了那个。而你想要知道答案只能再重新问一遍，如果控场的能力较弱，被客户带偏了话题，可能等交谈结束后才发现说了半天想知道的却没问出来。

第六，等客户话说完了再问下一个问题。一个问题可能会引起客户的很多话题，本来一两句就可回答的，却要扯上一大堆无关紧要的事情。此时不要冒然去打断客户，即使你对此并无一点兴趣，也不能表现出不耐烦或者希望客户赶快进行下一个话题的急切。要对客户有足够的尊重，如果跑题太远，也要等客户说完一段停歇的时候适当地提醒，把话题拉回。

巧妙的向客户询问有很多的好处。有利于我们把握客户的真正需求，还可以掌握谈判的进度，使沟通能够朝着我们期望的方向发展。但是，有时候一些不恰当的提问，则会引起客户的反感，所以，我们必须要了解沟通中提问的一些禁忌。

常见的禁忌问题有：

第一，客户的隐私。我们都知道类似女人的年龄这样的问题是不能随便问的。也不是说绝对不能问，而是要看问的方式、对象、场合等。比如：

问："姐，看你这么年轻，肯定还没结婚的吧？"

而客户却笑着说："年轻啥呀，我都三十多了，孩子都六七岁了！"

"哎呀，真是看不出来啊，看你就是二十出头的样子，谁知道孩子都这么大了！平时都怎么保养的啊？给我也传授传授经验吧？"

像这样的问法，客户就会很开心，也不介意说出年龄。如果直接问客户："姐，您的年龄是多少？"相信百分之九十的客户都会拒绝回答。

第二，宗教禁忌。问一个和尚"秃驴"一词是怎么来的，和尚再好的修养我想也伤不起呀！所以，对自己不懂的宗教禁忌不要去问。

第三，客户明显不感兴趣的话题。客户一听到问题，明显表现出为难或者不愿意回答，就不要再揪着这个问题不放。自然过渡到其他问题上，如果是必须要了解的问题，也要先缓一缓等与客户关系更进一步时再提，或者从其他问题中进行侧面了解。

开放式提问：了解客户更多信息

开放性提问是相对于封闭式提问的，封闭式提问是说我们已经把答案限制得比较死了，客户的回答没有较多的选择，更不具有自由发挥的空间。比如问客户："您觉得我们的产品好不好？"客户的回答要么是"好"，要么是"不好"。至于为什么好？为什么不好？则需要销售人员进一步的询问才能得知，客户一般不会在这样的封闭式提问下主动谈论。我们可以把封闭式提问比作单选题或判断题，客户的回答通常都是简短的一两个字就能完成的。

而开放式提问，则相当于问答题或论述题。放开了回答的范围，没有必选项，客户可以充分表达自己的想法。比如问“您对产品有什么要求？”那么客户就会把自己对产品的各项要求都说出来：产品的质量一定要好，外形新颖，包装精美，价格要大众化，性价比高。

开放式提问，既给了客户一个谈论的主题，使客户的回答以此主题为中心进行，又没有限制客户必须回答什么，使得客户能够畅所欲言。一个开放式的提问，可以引出客户很多的话语，能够帮助我们了解客户更多的想法。

小刘经人介绍约见了一位代理商。寒暄之后，两人坐下来详谈。

小刘：“王哥，听李哥说你们俩都有十多年的交情了，你们是怎么认识的？”（开放性问题。因为是经人介绍，两人之间并不熟悉。所以，小刘就通过客户熟悉的“李哥”来打开话题。）

代理商：“呵呵，说起我们俩，那还真是跟铁哥们儿似的。不过我俩刚认识那会儿，可是竞争对手，也可以说是不打不相识。那时我在做广告设计，有一次……”（小刘的问题勾起了客户的回忆，又是自己记忆深刻的事情，所以谈起来兴致很高，滔滔不绝。把当年发生的事情都讲了出来。在客户的回忆和小刘的配合中，无形中已经拉近了小刘和客户之间的心理距离，打破了第一次见面的陌生感。而在客户的讲述中，小刘也判断出客户是一个做事认真，有时会比较固执，但很讲义气的人。）

小刘：“哈哈，原来还有这么一段故事。难怪李哥一直跟我说，王哥是自己人，让我有啥说啥，不能和您见外。那王哥我就问了，听李哥说您和××公司都已经合作三年了，盈利一直也还不错。这次为啥突然想要换合作公司呢?”(开放性问题。如果小刘只是问客户是不是想要换合作公司，那么客户可能回答是也可能回答正在考虑，小刘就不能得到更多的信息。)

代理商:“这事儿啊，说起来本来是一件小事儿，可是他们家做的不地道。不管怎么说，我也是他们的老客户，出了问题你应该先给我解决吧?可是他们竟然把我的事儿一拖再拖。刚加盟他们公司的一个客户，还是通过我的关系介绍过去的。现在配件出了问题，他们竟然先把货给了那个人，我的却压着，一直说没到货让我再等等。要不是一次跟朋友聊天，无意中得知，我现在还不知道呢。当初，跟我谈合作那会儿可是说的很好听，以后只要有问题一定第一时间给我解决。我也不是等不起，只是他们说一套做一套，让我心里很不舒服。”

小刘:“那除了这一次的事情，你对他们公司其他方面还有什么不满意的没有?”(开放性问题。如果还有其他问题，客户都会讲出来。)

代理商:“其实他们家的产品还是不错的，利润也还行……”

(客户的回答让小刘了解了事情的起因，也让他判断出其实客户与目前的合作公司并没有太大的冲突，只是对售后服务有些不满意，使他心理不平衡。毕竟合作的时间也比较长了，只要销售公司做出补偿和安抚，以客户重情重义的性格很可能选择继续合作。明白了这一点，小刘决定把合作的事情先放一放，先与客户从朋友做起。)

小刘把公司和产品都向代理商做了详细的讲述，但是并没有促单。反而站在客户的立场上同他分析换品牌的利弊，让客户再认真考虑考虑。

事情的发展也如同小刘预测的那样，在合作公司态度诚恳地做出补偿后，王先生只好继续合作。但是小刘给他留下了很好的印象，他认为小刘是一个可交的朋友，不仅为他着想，还没有对他施加任何压力，对于两人没有合作成也没有任何报怨，仍然对他很热情。所以，后来为小刘介绍了好几个自己的朋友，都成了小刘的客户。

在实际销售中，常常是封闭式提问和开放式提问相互交叉进行的。当与客户不熟悉时，我们借助开放式提问来收集客户尽可能多的信息。然后再利用封闭性提问来缩小话题，以获得明确的答案，促使客户做出选择。

诱导式提问：牵着客户的思路走

诱导式的提问，是指提出的问题，常常带有某种暗示性，使被提问者在这种暗示的作用下做出有利于提问者的回答。所以，诱导式提问又常被称为“暗示询问”。有时候，把尚未发生的事情假定为已经发生的事情，在此前提下进行提问，也是诱导式提问的一种。

在销售中常常会遇到具有防备心理的客户，不愿意把自己的真实问题和真正需求直接告诉我们，而这些又是销售人员必须要了解的内容。这时候就需要用诱导式提问的方法使客户说出心里话。

一客户进手机店，店员走过来接待。

店员：“你好，姐。欢迎光临！是不是想给自己换个手机？”

客户：“哦，不是。想给家里老人买个老年机。”

店员：“老人平时用手机上网吗？现在的老年人都可时髦了，就我妈妈现在还经常给我小外甥女用微信视频聊天呢，说可方便了。”

客户：“呵呵，可不是嘛。用微信确实很方便的。我之前也想给我妈买个智能机的。可是她说怕不会用，弄坏了。要个能接打电话的就行了。”

店员：“姐，说实话啊，老人其实还是怕花钱。你想智能机用着多方便啊，而且一点都不复杂。就以微信为例吧，您回去的时候给她下载好软件，把联系人添加上去。给她演示几次怎么接收和发送语音和视频，怎么抢红包发红包，她肯定能学会的。我妈以前也是用的老年机，除了接打电话，看看时间别的就做不了了。过年的时候我们一大家子还有亲戚朋友都在微信群里抢红包发红包，可热闹了，我妈却只能看着，心里肯定羡慕啊是不是？所以啊，我就给她买了个智能机，现在她一有事儿就给我们发语音，发视频，可喜欢了。”

客户：“哎呀，你这一说可不是嘛，我们家过年的时候也是这样。我妈可不就在一边看着我们抢红包嘛。”

店员：“在一边看哪有自己参与进去开心？咱自己都深有体会是不是？哪怕抢到1分钱也开心得不得了。老人也是一样的，能让爸爸妈妈玩得开心最重要，是不是？”

客户：“你说的也是。可是老年机不是比较结实嘛，充一次电用的时间还长，字也比较大，方便老人用。”

店员：“姐，咱们现在手机都可以配屏保和手机外壳。你看这一种是防摔抗振的屏保，我给你试验一下你看看……是吧？一般的老年机都没有这个抗摔能力强的。再说充电，这又不费事，电源线连上就行了，连小孩子都会充。老年机待机时间再长不也还是得充电吗？字体的问题呢？咱们这里有一款可以调大字体的，您看一下，字也是挺清晰的。而且这款手机不仅用着方便，大小合适，还特别时尚，拿在手里一看就很上档次，妈妈用着肯定很有面子是不是？”

客户：“可是这个比较贵啊，买回去妈妈肯定心疼钱！”

店员：“当妈的都是这个心理啊，怕花儿女的钱。可是，爸妈都节俭一辈子了，到老了，也该享福了。咱们也都能挣钱了，该花的钱就得花，平时不能在家陪他们，买个好点的手机让老人开心开心也是尽孝啊！您怕她心疼钱，别告诉她真实的价格就行了。”

本来只想花二三百元买个老年机的客户，经过店员的一番引导后，最终花三千多元买了一款智能机，高高兴兴地离开了。

在这个案例中，店员就成功地应用了诱导式提问的方法。店员的第一个问题“是不是想给自己换个手机？”其实是为了探听客户前来店里的真实意图。不管客户怎么回答，店员都能获得自己想要的信息。如果客户回答：“嗯，想先看看。”那就说明是给她自己看的，店员就可以推荐适合她的机型。结果，客户回答是给妈妈看的，店员同样有了明确的销售目标。

而客户当时的想法是想买个老年机。如果店员顺着客户的思路，给她介绍各种老年机，那最好的结果也不过是成交一个二三百元的手机。聪明的店员，绕过了老年机的问题，讲起了智能机的优势，把客户的思维引导向使用智能机如何能给妈妈带去开心和便利上，忘记了自己的最初打算。能成交一单三千多元的智能机当然对店员是有利的，即使客户最终仍然决定买一款老年机，对店员来说也没有任何损失。

在同客户交谈时，有很多种提问的方法。它们各有各的用途，各有各的目的。诱导式提问是有针对性地引导客户，具有明确的导向性而又不易被客户发现意图，使客户在不知不觉中跟随着我们既定的思路来进行谈话内容。掌控住了客户的思维，成交自然就变得容易多了。

选择式提问：向成交聚拢

选择式提问其实是封闭式提问的一种代表。它把答案限制在了一个相对较少选择的范围内。被提问者一般只能在这有限的空间里做出选择。在销售中应用选择式提问既可以事先屏避掉一些对自己不利的选项，又可以得到明确而具体的答案。

路边有两家小餐馆。经营的内容都差不多，客流量也相差不大。但是，每天晚上结算的时候都会发现，A 店要比 B 店多出百十元钱。如果一天两天是这样还好理解，毕竟顾客的选择是不确定的，可能今天来这家店明天去那家店，每次的消费额也不固定。可是接连几个月都是如此，那可就有些奇怪了。

于是 B 店的老板来到 A 店想要一探究竟。这时正好有客人来。服务员给客户盛好面，微笑着问："加一个鸡蛋还是加两个？"

顾客回答："加一个。"

"好的！"服务员放入一个鸡蛋。

每遇到一个顾客，服务员都会这样问上一句："加一个鸡蛋还是加两个。"

有的顾客说加一个，有的顾客说加两个。当然也有顾客说不加，只是说不加的顾客比较少。

B店的老板恍然大悟。原来，销售额的差距就来源于服务员的这一句看似简单的问话！他想起自己店里的服务员，有时也会问顾客“加不加鸡蛋？”有时候则不会问这个问题。如果不问，除非顾客很有意愿，才会主动提出加鸡蛋。而问：“加不加鸡蛋”，顾客可能选择加也可能选择不加，不加的几率至少占到50%。

而A店服务员的问话则把顾客的回答限制在“加一个”还是“加两个”的选择中。不管顾客选择哪一个，对店里都是有利的。人们的习惯思维是在提问者给出的选项里做选择，虽然也有精明的人能跳出这个思维“陷阱”，坚持做出自己的选择，毕竟也只是一部分。A店服务员的做法显然能卖出更多的鸡蛋，这样每天的销售额就总会比B店多出百十元钱。

在这个经典案例中，A店服务员就是利用了选择式提问的方法。B店的服务员虽然也用了选择式提问法，但效果为什么却相差很多呢？这是因为A店的服务员在设定问题时就把对自己最不利的选项排除掉了，缩小了顾客的选择范围。可见，选择式提问的选项设定也是很重要的。

常见的选择式提问模式有：

约见客户："那么你是明天上午方便还是明天下午方便呢？"（不管客户选择哪一个，都已经把会面的时间限制在了第二天。）对于时间的选择性提问是约见客户最常用的方法。如果问客户："我明天去见您方便吗？"客户很可能说："明天有事，改天吧。"这样就把会见的时间无限地往后拖了。如果限定了"明天"，那么客户大多数都会考虑这一天当中有空档的时间段，有利于销售人员尽快达成会面的目的。

产品选择："这两款您觉得更喜欢哪一款？"（不是这一款就是那一款喽，反正都是自己家的产品。）

支付货款："您是刷卡还是付现金呢？"（不管刷卡还是付现金，都是成交的表示。）

选择式提问要有明确的主题，不能给客户太多的自由选项。这是选择式提问的意义。但也不是什么情况下都可以用的。选择式提问一般在用开放式提问对客户的基本情况收集得差不多了，需要客户做出选择和决定时使用。但是它的应用需要建立在我们具有主动权的基础上。比如，在案例中，加鸡蛋的工作是由服务员来完成的，所以服务员具有让客户做出选择的条件。如果不是有这种授受关系，或跟客户还不熟悉时，对客户就会造成一种强迫感，让客户觉得销售人员太强势，导致对话陷入僵局。

所以，在前期的沟通中，使用选择式提问一般是用来缩小谈话范围的。

比如："您看咱们是先看样品呢？还是我先给您讲一讲公司的方案？"这样的问题所针对的内容都是客户需要了解的，虽然也是一种限定，但是对客户而言却是没有任何压力的，选择起来就很轻松。而真正具有决定意义的签单等需要客户慎重考虑的问题，则应放在其他会使客户产生异议的问题都已经差不多解决完，而且自己又掌握主动权的时候。这样才能尽可能多地减少客户回答问题时的心理压力，尽量避免客户做出限定答案之外的选择，向最终的成交更靠近一步。

试探式提问：找一个最佳的沟通方式

话不在于多，而在于精。营销人员说的每一句话都应该是有其用途的，每一个提问也都是为了得到某种或明或暗的答案来确定和纠正之前的某种判断。问话也是一门学问，"智者问得巧，愚者问得笨。"当对客户尚不了解的情况下，什么样的谈话方式更适合这个客户，客户最关心哪些问题，什么才能打动客户等等，都需要我们一步步地去探寻，使我们交谈中的思路越来越清晰。

试探式提问，是把主动权暂时交给客户，由客户做选择，通过客户的选择来判断出最佳的沟通方式。当我们面对下面的情况时，常会应用到试探式提问：

第一，试探客户喜欢的沟通方式。我们在前面曾经提到不同性格的客户适应的沟通方式也是不一样的，有的客户需要和他慢声细语的慢慢聊，有的客户则喜欢爽快地直奔主题；有的客户喜欢别人捧着他，赞美他，尊重他，有的客户则喜欢和诚恳踏实的人对话……

当我们去餐厅吃饭时，常可见到后来的人问先到的人："你好，请问我可以坐这里吗？"或者："你好，请问这里有人吗？"这就是典型的试探式提问。虽然见座位空着，在座的人也未必对空座有决定权，仍然对已经在座的人进行了询问，这是一种礼貌，也是一种尊重。

在销售中也是如此，比如说见到客户，先说一句："冒昧来访，没有打扰到您吧？"就算事先已经电话约过，经过了对方的同意，说这一句客套话也能让客户感觉很舒服。客户心情好了，谈起来就会比较容易。实践证明，一般客户都会对此类问题做出相应的回应。如果是爽快的客户，会热情地说："没事儿没事儿，太客气了，请坐……"内向的客户会微微一笑："没有，请坐吧。"有些孤傲的客户会淡淡地说："嗯，有什么事？"

通过客户对一句问话的反应，就可以基本上判断出客户大致是什么样的性格。摸清了客户的性格，就有了更有针对性的沟通方式，是细水长流还是单刀直入，皆是根据客户的性格，他更喜欢的沟通方式来决定的。

第二，试探客户的合作意向。客户的需求是决定购买与否的前提。如果客户根本就没有相应的产品需求，任你舌灿莲花，也不能打动客户。但是，客户常常并不会告诉我们真正的需求意向，当他们说"没有意向"时，可能确实目前尚未有相关计划，也可能仅仅是一种推辞。或许已经有别的公司在与他们接洽，他们不好明言，所以以"没有意向"为借口来拒绝。也或许是因为你的谈话内容尚未引起他的兴趣。具体是什么原因，就需要我们通过询问来试探清楚。

第三，试探客户关心的话题。对有合作意向的客户，探寻他的关注点，找到最能影响他下决心合作的决定因素。

问："姐，您想要选择一个什么样的项目呢？对产品和合作公司都有什么要求？"

客户："我就想找一个省心的项目，挣多挣少倒无所谓，操作一定要简便。我之前合作的一个项目，每次客户下单，报上去很长时间了公司还没有反应，客户就总给我打电话，弄得我很烦，知道吧？"

寻问客户的目的是为了寻找客户的需求点，而客户的回答就把她所关注的重点表达得很清楚了。所以，再对客户介绍的时候就要选那种操作简单，处理速度快，不需要长时间等待的项目。利润方面则可以适当地放宽一点，不一定要选利润高的项目。当然，客户所说的挣多挣少无所谓并不是真实的想法，谁做生意都是奔着利润去的，能多挣点当然更好了。只是通过客户的陈述，选择的侧重点不一样。只要利润相差不是特别大，在客户的承受范围内，操作简单的项目更容易打动客户。

第四，试探成交的可能性。一切的沟通都是为了最后的成交。所以，最后的试探非常重要。这时的试探可以用征询式，例如："你看，我们是不是现在就把这个事定下来？"也可以用选择式，例如："您是刷卡还是付现金？"

如果客户说"可以，那就定下来吧"或者是"刷卡吧"之类的，那就说明这次的交易基本上已经没有任何问题了。如果客户说："我再看看吧""我再考虑考虑"那就说明还需要做进一步的沟通。

试探式提问因为是把决定权交给对方，所以相对而言，一般不会引起客户反感，容易使客户接受并做出相应回答。所以，营销人员要学会利用试探式提问，问出客户内心深处的想法。

反问式提问：掌控谈话的主动权

商场如战场，营销人员每一次与客户的交谈都是一场在笑语晏晏掩盖之下的智力博弈。我们会采用各种谈话技巧来探听客户虚实，了解客户需求，解决客户疑虑，促进交易进程等等，而客户也同样会为了维护自己的利益，争取更多的权益而采用相应的话术，有时也常常会给销售人员设置问题陷阱，使销售人员陷入被动局面。反问式提问是销售人员应对客户难题，重新掌控谈话主动权的一种有效方法。

反问式提问一般应用在客户的问题比较敏感，不好正面回答或者你还没有弄清楚客户提问的真正意图时。这时应用反问式提问把问题抛给客户，不仅可以给自己留下充足的思考时间，还可以对客户的意图了解的更加清晰，便于做出更恰当的回答。

反问式提问常用场景：

第一，客户的问题不好回答。

保险推销员小王约了客户见面，聊到很晚才回家。第二天，同事问起来，小王大诉苦水："这个客户问题太多了，给他讲得我嗓子都快哑了。"

同事问："那他都问了什么问题啊？"

小王："他问咱们公司的产品和 ×× 公司的哪个更好？咱们的产品到时候能领出来多少钱？什么时候会出现倒扣，出现倒扣了怎么办等等，反正是一大堆。”

同事问：“那你都是怎么给他讲的啊？”

小王：“他问两家的产品哪个更好，那当然是跟他好好地比较了一下。我给他对比了两个产品的保费、保额、交费年限、现金价值、等待期等等。把我知道的差不多都给他讲了，反正总体上肯定是咱们公司的产品占优势。”

说完，小王又庆幸地说：“幸好我以前接触过一点××公司的产品，要是换一家，我根本就讲不出来。谁知道别人家产品都包含什么啊！咱们公司的挺多产品我还都不清楚呢。这个客户吧，他之前听其他业务员讲过，了解得还挺多的，有些问题我都不是太清楚，差点把我给问住。尤其是讲现金价值那一块儿，我自己都快把自己算蒙了，也不知道他到底听明白没。反正还在考虑，下次我再跟他详细讲讲。”

听完小王的话，同事相视而笑：“这就是新人啊，太实在了，客户问啥说啥。你这样就很被动啊，讲了那么多却还是完全不明白客户真正的关注点在哪里，怎么促单？遇到这种客户，如果他问产品哪家好，你就应该反问他，你觉得那一家的产品哪点好？等他回答后，再针对他说的那一点进行对比。如果他问现金价值，能取出多少钱之类的，那你就反问他你买这个保险是想做什么用的？是为了拿来做理财还是要一个保障？如果是想要理财咱们专门有理财的产品，如果是想要保障就不要纠结现金价值的问题，那个没有任何意义……”

其实小王应该庆幸的是他的产品知识学得还比较扎实，否则，陷入到客户的那种问题里，绝对是在自己给自己挖坑，最后解释不清，客户就会觉得他不专业。就算解释清楚了，也只是回答了客户的提问而已，并没有找到客户的需求点。

同事的建议则很好地解决了这个问题，利用反问把复杂的问题简单化，抛开一大部分没有实质意义的问题，只就客户关心的核心问题做答。既简洁明了，又能凸显专业，还能把握住对话的主动权。

第二，客户的意图不明显。

在同客户会见的最后，常常会遇到这样的情景：

客户："我知道了，但是我还想再考虑考虑。"

问："您还想再考虑哪方面？我刚才讲的还有什么地方您觉得不够清楚？"

客户说"再考虑考虑"的情况是非常多的，如果回答："好，那等您考虑好了我再给您联系。"十有八九就没有下文了。此时，其实该沟通的内容差不多都已经沟通完了，客户之所以还没有做出决定，一定是对某一方面尚有疑虑。在营销过程中尽量让客户多讲，讲的越多，暴露得越多，越有利于销售人员把握客户心理，有针对性地做出引导。所以，当遇到类似情景时，应当趁热打铁，问出客户的真实想法，有针对性地解决掉问题，促使客户尽快做出决断，否则之前沟通的那么多很可能是为他人作嫁衣。

第三，以反问的方式来回答。

客户问："还能不能再优惠点？"

答："亲，我给您的还不是最低价？"（客户听到的意思是已经是最低价了，不能再优惠了。）

客户问："这个行不行啊？"

答："我还能骗您不成？"（客户听到的意思是对方不会骗他，听他的没错。）

……

这种提问方法虽然用的是问句，其实表达的却是肯定的意思。至少在客户听来，是给了他肯定的回答。但是也有一些较真的客户，觉得这种说法并没有正面地直接地给出客户答复，说了等于没说，是一种耍滑的表现，并不值得相信。遇到这种客户就不宜采用这种方法了。他们需要的是肯定，是保证。另外，用这种反问句表达肯定意思的时候，会给客户一种无从反驳的感觉，所以使用的时候要慎重，不能让客户觉得有挑衅或敌对的意味。

请教式提问：在尊重中逐步深入

我们经常会遇到这样的一些客户，他们同人谈话时并没有把自己和对方放在平等交流的位置上，而是总喜欢以一种较强势的说教态度来表达自己的某种优越感。经常会用到的一些对话用语诸如："那样不行……""应该这样……""他说的不对……""我……"

这样的客户觉得自己懂得比较多，对别人的不同意见有一种排斥心理。总认为自己是对的，而且喜欢把自己的观点强加给对方。这种"好为人师"的性格其实是一种较强的自尊心和虚荣心的外现。针对这种客户，我们要给予其足够的尊重，多用一些请教式的提问，抬高对方的价值，来满足对方的表现欲望和优越心理。

小宇跟着李工一起去见一位规划院的负责人。李工是公司技术部的老人了，在业界名气很大，属于公司的技术骨干。这次要见的这位惠副院长也是技术出身的，对产品工艺方面要求很高，而且很难约见。小宇好不容易争取到了这次会面的机会，公司也很重视，特意请了李工同来。

会面的地点就在惠副院长的办公室。小宇首先做了自我介绍，表达了对惠院长百忙之中能给予这次会面机会的感激之情。惠副院长坐在办公桌后，对他们的到访只是稍欠了下身子，并没有起身同他们握手。表情也比较严肃，不冷不热地开口请他们坐，一看就是那种习惯了做领导的架式。

场面话说完，小宇开始介绍李工："这位是李工。"

李工没等他详细介绍，便接过了话："您好，我叫李阳。知道惠院长对污水处理这一块很精通，常常听业界的朋友提起，我也是做技术的，这次借着这个机会，特意跟小宇过来向您学习来了。惠院长可要多多指教啊！"

对于李工的谦虚，小宇有些惊讶。其实无论从年龄、资质、阅历还是技术水平上，李工都算得上是惠院长的前辈。他如此低姿态地向惠院长介绍自己，丝毫没有提自己在公司的地位和在业界的影响力。这样不是会让对方小瞧吗？虽然心存疑惑，小宇并没有表现出来。

惠院长听说李工也是做技术的，又见他态度诚恳，便随意提了两个问题。李工回答得很专业，用词却很谦虚："这个问题我们目前采用的是这种解决方法，您看是不是合理""这个可是个技术难题，您有什么看法"……

"行家一出手，就知有没有"，李工一说惠院长就听出来他对这方面很专业，而李工所问的问题也恰到好处地提起了他的兴趣。惠院长一改之前冷淡的态度，开始和李工聊起来。开始的时候，惠院长还是带着"指点"的心态，后来则成了两人相互探讨。遇到谈得来的人，惠院长兴致很高，到了中午还意犹未尽，坚持自己做东请小宇和李工吃饭。

饭桌上话题聊得就比较开了，小宇适时地提到李工在公司和业界的名气。惠院长才知道原来还是自己的前辈，便一再地表示招待不周，希望李工多见谅等等。因为有了这层沟通，后来的合作谈得也比较顺利。

我们可以想象，如果李工没有截住小宇的话，让小宇在惠副院长面前说出自己如何如何的专业，如何如何的出名，势必会引起惠院长的反感，认为在他面前耍大牌，先存了一份敌对心理。李工的低调和请教式的问答，让惠副院长有了技术上的优越感，才愿意“指点”这个认真请教他的人。后来发现李工的专业完全不亚于自己，却对他很尊重，不由得从内心里生出敬重来。

虚荣心是人人都有的，只是有的表现比较明显，有的比较隐晦。对于这种虚荣心比较强，且爱说教的客户，其实是很容易接触的。只要放低姿态，以一个请教者的身份来向他们询问，他们通常都会滔滔不绝，把自己的想法和意见告诉给你。而且这类客户通常也是比较爽快的，只要能够得到他们的认可，他们会直接拍板做出决定，更有利于销售促成。

对于这类客户，还要注意一点。那就是当与客户有不同看法时，不能直接反驳客户。如果和这种客户针锋相对地指出他的不足之处，提出自己的不同意见，他会认为是对他的质疑和不尊重，要么会着急地争辩起来，要么会直接武断地中止对话，使销售人员处于被动的局面。我们要学习李工的处理方法，以请教的方式展示自己的专业，获得对方的认同。

人生处处皆学问，古人说：“三人行，必有我师。”也许客户所讲的恰好能给我们一些启发，也许跟客户的交谈让我们增长了见闻，所以，尊重客户，

多请教，耐心听客户讲述，既是营销工作的需要，也是对销售人员道德修养的要求。即便客户的某些观点不正确，有些内容对我们毫无意义，我们也不会有什么损失，姑且听一听就是了。

第十章

实事求是——做实在人，说实在话

袒露自己，赢得客户好感

人与人交往，贵在真诚。而一个真诚的人，对朋友往往是无话不谈的，比如说暴露自己的一些无伤大雅的小缺点，对客户坦承产品的一些不足之处等等。

有的人会有疑惑，让别人发现自己的弱点，会不会令对方降低好感？觉得自己是个有缺点的人？事实并非如此。“人无完人，金无足赤”，世界上不存在没有缺点的人，那只存在于人们的虚拟想象中，是人为塑造出来的“神”。虽然完美，却高高在上，不食人间烟火。只有有着这样那样小缺点的人，才是实实在在的，更有人情味，更真实易接近。

世界垒球大王史蒂夫加夫，有一次在接受公众采访时，被一位记者问到：“你曾经哭过吗？”

这真是一个让人为难的问题，人们纷纷猜测史蒂夫会怎么回答。

史蒂夫微笑着对那位记者说：“是的，我曾经哭过。但是我觉得这并不影响我成为一个男子汉，不是吗？”

史蒂夫的回答赢得了人们热烈的掌声。

事实证明，曾经哭过鼻子的史蒂夫并没有让人觉得他很丢脸，人们反而更喜欢他：原来，我们的偶像也和我们一样会有自己的小情绪啊！万众瞩目的球王一下子变得亲切起来。

适当地袒露自己，不仅会满足对方的好奇心，还能获得对方的好感。在人们的潜意识里，总会认为能够和自己分享隐私的人，才是可以推心置腹，坦承真诚的人。在销售中，同样如此。

安安最初开小儿推拿店的时候，也只是有半年多的实践经验，其实心里是很没底的。但是形势所迫，已经到了那一步，该投入的都投入进去了，也只好硬着头皮往前走。

慢慢地有了顾客，闲聊时难免会被问到在哪里学的？干了多少年了……做这一行的，一般人都会认为，如果是医学类院校毕业的，专业基础肯定更牢靠，技术也更好。安安是半路出家，原先上学时并不是学医的，毕业后才开始接触这方面。这方面是她的硬伤，无论自己做的效果多好，非医学出身本身就处在了劣势。但是安安还是选择了实话实说。她相信，专业只是在早期会较容易被人信赖，但是后期真正靠的还是疗效。

所以，安安并没有隐瞒真实经历。她告诉客户，自己以前并不是学医的，但是对这方面一直比较感兴趣。后来，自己有了孩子，因为小孩子比较容易生病，所以就开始留意这方面的知识。

当妈的都知道，孩子一生病心里有多着急，恨不得自己代替孩子生病。可是吃药打针孩子受罪不说，还要受抗生素之类的毒害，弄得孩子抵抗力越来越差，三天两头就得往医院跑。所以，一直比较信任中医的安安就通过网络寻找各种中医的治疗方法。

最开始接触的是中药，可是没有专业基础，辩证不准确，怎么敢冒然给孩子用药呢？只好选用一些简单安全的方子或用一些食疗。后来，机缘巧合之下知道了小儿推拿，觉得这个方法对孩子没有伤害，而且也比较简单易学，非常符合自己的需求。于是她就联系了老师，学了手法和辨证方法，平时自己就在家看看相关的医学书籍，这几年每当孩子生病时，都是自己用小儿推拿的方法给孩子调理的。

现在孩子大了，自己也闲了。因为有了自身的经历，所以觉得小儿推拿特别好，就决定从事这一行。找老师重新学了一遍，又在其他店里给人家干了大半年，现在才自己开店，希望能让更多的孩子受益于小儿推拿。

安安的话其实挺能引起妈妈们的共鸣，当她们为孩子生病而焦虑不安时，为明知西药对孩子身体有伤害却没有别的选择时，不也曾四处寻找更好的方法吗？不也曾试着用各种土方、验方去调理吗？能让孩子健健康康的，比什么都重要。

没有客户再去关注是不是医学出身的问题，她们更相信一位母亲的爱子之心。而安安的疗效也向她们证明了，不是医学出身也一样能把这门技术学得精通。

华丽的包装始终只是表象，真诚的内心才是最值得珍视的。勇于向别人袒露自己的不足之处，做一个实实在在的人。待人以诚，人才会以诚相待。我们收获的将不仅仅是客户的信任，更是知心的朋友。

当然，袒露自己也不是什么事都要向客户说的，更不能反反复复地重复一件没什么意义的事情。袒露自己既要分场合也要分对象，什么话该说什么话不该说，什么人能说什么人不能说，销售人员对此应有基本的判断能力。

巧妙告诉客户“真相”

与客户沟通需要真诚，需要坦白，对于一些客户需要知道的“真相”也应该告之。因为这样才能获得客户的信任，才会有长期合作的机会。但是一句话怎么说，全在一张嘴上。对于一些“真相”如果换一种不损害客户利益，又能够让客户高兴的方式说出来，或许效果远远比直接说出来要好得多。

打个比方，以价格为例，在营销中，最常遇到的问题就是客户觉得价钱有些高，希望销售公司能够给予更多的优惠，这几乎是在每笔交易中都会碰到的。而销售公司为了销售业绩和发展客户关系网，通常也会在保证基本利润的前提下，允许销售人员给予客户一定的价格下浮。而能够下浮多少，客户是并不清楚的，这里面就有了销售人员可操作的空间。

笔者刚毕业那会儿，曾经在一家化妆品公司上班。公司做的是省代，走院线。刚开始，因为业务不熟练，连续跑了好几家美容院，才终于获得一位院长的认可。客户做了体验后，感觉效果还是不错的。只是感觉价格有点高，希望可以再给优惠五个点。当时因为不懂，事先也不知道能不能再给客户优惠。只好对客户说，回去请示一下公司经理，尽量为她争取。

离开美容院后，立即给经理打了电话，把这边的情况说了一下。经理考虑后说可以先给她三个点的优惠，你同她说说看。再给客户联系，客户听说只优惠三个点，有些不乐意，说你们这个牌子也没有什么知名度，前期肯定要多投入点让顾客体验，再说三个点和五个点相差并不太多，如果不能优惠五个点就算了，上其他品牌的也一样，有一家直接给十个点的优惠呢……

一听客户说想放弃，我就有些着急了，忙跟她说我再跟经理沟通一下，一定帮她争取到五个点。又和她分析了自家产品的优势等等，好说歹说总算让客户同意等我消息了。

再跟经理打电话，说客户真的挺有意向的，如果因为这点优惠不能促成单子，我这个月的任务就没法完成了，希望经理帮帮忙。经理一开始不同意，直到后来看我快急哭了，才说这次可以给客户五个点，以后工作多努力。

那一刻简直有种喜极而泣的冲动。连忙给客户打电话，并把跟经理沟通的种种艰难也对客户讲了。很是高兴的情绪感染了客户，客户没有再为难我。

顺利地签下这笔单子，回公司向经理汇报。结果却被告知，根据客户的情况，本来就可以给到五个点的优惠。不过是为了锻炼我，让客户欠下我的人情，方便以后更好的合作。

现在能这样为业务员新人着想的经理并不多，很多新人都要在市场上栽过无数次跟头才会成长起来。或许年轻的业务员当时不是很理解经理为什么会故意“为难”她，作为那些过来人却是明白的。太容易得到的，人往往不会珍惜。如果一下子就告诉客户可以给她五个点，那她一定会觉得其实公司可以优惠更多，反而更不会签单了。经过这一波折，客户不仅知道这五个点已是极限，还会看到业务员的诚意，以后会更加信任这名业务员。

现实中的很多案例都证实了这位经理教给业务员的方法是很有效的，说白了能优惠五个点是真相，但是却叫客户知道这五个点的获得并不是容易的，经理在业务员不知情的情况下故意为难她，不过是为了使故事更具有真实性，毕竟一个新人很容易被人看穿，而真实的感情流露才能让客户相信。这并不是故意欺骗客户，而是因为在销售中，需要一些技巧来把事情做得更好。

如果能够让客户得到价格上的实惠，还能让客户对销售人员产生感激之情，认为是销售人员为自己争取到了更低的价格，那么，将更有利于双方建立良好的合作关系。

我们是不是常听到一些业务人员对客户说“我跟我们经理说了，说您特别喜欢这款产品，给经理说了挺多好话他才同意给您优惠的”这类的话？虽然不及案例中小姑娘的本色演出真实，客户也未必真就那么傻地相信，但是有了这一番说辞客户总会显得更开心，这就是人心。

成本巧对比，凸显产品价值

产品价值高低是影响客户投资与否的重要因素。而产品价值是由价格与成本两方面的因素共同决定的。如果客户过多地把注意力放在价格上，就会在要求降价的问题上纠缠不清。此时，既不能应允客户给公司增加成本，也不能直接回绝客户，打消客户购买的欲望。而是尽量回避价格高的问题，从价值的角度让客户做出购买决定。

小李是一位4S店的销售人员，这天他接待了一位姓王的客户。看得出来，客户对其中一款车很满意。在给客户详细讲述了这款车的外型、性能等各项优点后，客户进行了试驾，试驾的结果也很满意。只是因为是第一次前来看车，客户一时还没有下定决心马上提车。通过进一步沟通，客户说出想

一次性付款，只是款项要到月底才能全部到账，那时再来提车。

后来，临近月底时，小李给王先生打电话，王先生说朋友介绍了一家直销店，价格要比4S店便宜不少，还在考虑。小李跟王先生约了时间到店详谈。过后，小李查询了直销店的报价，确实要便宜一些，但是直销店只是负责销售，事后的维修、养护以及其他附加服务却是没有的。所以，小李觉得还是很有信心说服客户的。毕竟，客户经济实力还不错，并不差那一点钱。

可是，令小李没有想到的是，等到约定时间前再给客户联系时，客户却说已经在直销店提完车了。

只是因为没有及时跟客户沟通价格与价值的问题，就让客户因一两千元的价格优惠而选择了直销店，流失了一个重要客户。在营销过程中，这样的事情很常见，毕竟人都有贪图便宜的心理，价格上的优惠又是最直观的。所以，遇到客户因价格而犹豫时，一定要及时沟通，凸显出产品的价值。

事情同样也发生在小李身上，就在发生王先生到直销店提车的事情不久后，小李又遇到了一位想买车的张先生。张先生同样对小李提到了在别的地方看的可以优惠四千元，问能不能再多优惠点。小李想起王先生的例子，马上和张先生进行了成本和价值的比对。

小李说："张先生，您看，表面上您在非 4S 店可以节省下四千元甚至更多的费用，可您有没有考虑过 4S 店为什么会多收四千元？您看，车毕竟是属于高档消费，我们自然不希望花大价钱买一个自己连优点和缺点都不清楚的产品回去，事后发现不符合自己的预期，到时候后悔也来不及了对吧？而我们有专业的销售团队，对车的各项性能都能给您讲得很清楚，您可以对比一下您在其他店店员对您的接待和讲解，是不是感觉不一样？"

张先生点点头："那肯定是你们更专业。"

小李接着说："抛开专业店员的人力成本，您再看这款车的很多配件都是进口的，我们提供的是绝对原装正品的配件，保证您的爱车不用担心质量问题，咱们的质保里面也详细说明了。而非 4S 店则有可能是二手车改装或者使用部分国产配件的，成本低当然能提供更多优惠。"

"4S 店全国联保，一旦成交您的信息就会被录入全国客户信息网中，无论您在什么地方遇到售后问题都能找到我们，都能享受到我们的优惠。而直销店则是销售跟售后分开的，无法提供完善的售后保障。

"再有我们的维修人员都经过了正规的培训考核，对车可以做到最好的修复和改装。比如说你想改装车的影音部分，如果改装的话需要改变电路，而不经过专门培训的人很可能改好了影音，却把其他部分改废了……"

最后，小李说："您看，我们能够提供这么多超值的服务和品质保证，自然需要更高的成本，相对于您所多付的钱，您绝对是赚到的。如果选择了在直销店，您现在是省了四千，但在后期所额外花费的绝对要远远高于四千。您说现在这四千块钱花得值不值？”

通过小李的剖析，张先生也觉得多花点钱买个放心，买个服务并不算吃亏，最后定了下来。

当客户因为价格问题而犹豫不决时，往往是被表面的、眼前的利益所迷惑，而没有看到隐形的成本。销售人员需要把这些成本与价值对比同客户分析明白，让客户意识到获得的价值远远高于产品价格。

材质技术细诉说，体现产品品质

产品的材质和应用技术是体现产品品质的重要因素。当客户对材质和技术不够了解时，就容易对品质产生怀疑。花这个价钱买这个产品值不值？你说值，值在哪里？所以，遇到这种情况时，需要我们多花费一点时间，把产品的材质和技术等优势一一展现给客户。

前一段时间为了给店面做宣传，想装一个广告灯箱。参考了周围店铺的情况，决定选择带滚动字幕的那种显示屏。可是因为对此一无所知，身边也没有懂的朋友，很是犯了难。后来就在网上逛淘宝，天猫，咨询客服。忙活了两天，也没弄清楚到底应该用一个单元板的高度还是两个板的高度。最后筛选发货地，联系了本地一家店，觉得还是自己亲自过去问清楚更放心，若是外地的真出了状况根本无法及时解决。

店员小谢很热情地接待了我，了解了我的担忧后，便说：“姐，如果您的时间比较充裕，咱们坐下来慢慢聊，我把相关的材料和技术给您讲讲，然后您再做决定。”

正好没有别的事，专门就为了解决灯箱的问题来的，小谢的提议正合我意，于是便耐心坐下来听她讲。

小谢说：“姐，咱先不说价钱。您先看看我们用的材料。目前咱们这个行业采用的单元板主要有两种，一种是直插灯单元板，一种是表贴。”

说着，小谢拿过来两个单元板，对我说：“你看这个上面很多小灯珠的就是直插灯单元板，而这一种则是表贴板。我给您推荐的是表贴的，我们店里目前主要做的也是表贴的，直插灯的以前用的很多，现在已经很少做了。为什么呢？您看这两张图片，都是用手机实拍的。对比一下，很明显，表贴板是不是更亮一些？这是因为表贴板发光角度更大，走字也更清晰，在晚上很远的距离都能看清楚。更重要的是，表贴板不仅更亮，还更省电，算下来用个两三年，光省下来的电费都够再买一个显示屏的。”

我点点头，看起来表贴板的那种比直插灯的更高档一些，如果真像她说的那样，当然用表贴板更能出效果。

小谢接着说：“你再看我们用的背板。如果是在室内的话，用的都是铝塑板，在室外用的则是不锈钢铁皮。您想安在室外，所以要用这种不锈钢铁皮的，防水、防晒、结实、耐用。其他家有很多采用喷绘布的。不用我说，您也知道哪种更好是吧？”

“还有，咱们现在系统都是升级后的，您想改变内容非常方便。有三种方法可以选择，一种是通过U盘，在电脑上操作。您带U盘了吗？”

说到这里，我立马想起自己最关心的问题，忙说：“没有U盘，能不能用手机改啊？”

小谢道：“当然可以啦，升级后，咱们的这个显示屏是可以通过手机操作的。它会产生热点，您用 WIFI 连接上，再扫一下这个链接，下载一个魔宝，之后的各种操作比如改内容，改字体大小、移动速度、加边框等等都可以直接在上面进行。你看我给你演示一下……”

真是长了知识啊，这一趟没有白来，最后当然是听从小谢的建议了。

在这个案例中，店员对产品材质和技术的详细解说，使客户对此方面知识有了较为清晰的认识。相信客户听完一定会觉得自己快成半个 LED 显示屏的专家了。而且小谢还在介绍中做了对比分析，让客户知道哪种品质更好。当客户已经对品质好的产品产生了好感时，就很难再看中品质一般的产品了。此时，再讲价格，客户就会比较容易接受较高的价位了。

重复重点内容好处多

与客户沟通时，为了突出重点，加深客户的印象常常需要我们对重点内容进行反复的说明，不要觉得这样做麻烦或啰唆，重复重点内容好处多多。

第一，突出重点。如果与客户谈论了半天，客户却仍旧对产品特性不了解，对市场前景不清楚，对合作方式和利益分配等关键问题也是云里雾里，那么这绝对是一次失败的沟通。所以对重点内容一定要突出 。充分发挥“重要的事情说三遍”的精神，通过重复讲述让客户明白某一方面的重要性，提高关注度。

第二，加深自己的印象。“书读百遍，其义自现”，讲述也是一样的，因为每讲出来一遍，事先肯定要在脑子里过一遍的。重复的多了，不仅对这些重点内容记忆深刻了，更能体会出其中蕴含的深层含义，往往会有意想不到的收获。当所有的知识点都能够融会贯通，自由发挥时，面对客户就能从容不迫，沉着应对。所以，重复在无形中也是对销售人员沟通能力的一种提升方法。

第三，加强客户印象。客户的事情比较多，有些重要的内容如果说一遍就过了，很可能客户一忙起来就忘记了。虽然是客户的过失，但对销售人员也会造成损失。对一些年龄较大或记忆力不太好或事务繁忙的客户，有必要进行反复说明，让他印象深刻，不易遗忘。

第四，体现责任心和耐心。重复会让客户感受到你的细心和耐心，是对工作认真负责的表现。客户选择合作对象，不仅会看产品带给他的利益，还会看合作的人是否值得交往。所以，很多时候，客户不仅是在购买产品，更是在选择你的为人处事，包括你做事的态度、服务的态度和服务的精神。

重复重点内容，并不是要我们反反复复地提醒客户同一件事情，这样会让客户觉得你在怀疑他的智商，甚至产生厌烦情绪，那就适得其反了。所以，重复重点内容的时候也是要讲究技巧的。

第一，选择不同的表达方式进行重复。比如说，当想要让客户对产品的性价比高这一产品优势印象更深刻时，可以直接说产品的性价比高，可以通过与同等价位的其他产品比性能，可以通过与性能相近的其他产品比价格，可以用大多数客户都会选择这一款来做侧面说明，可以用客户购买之后的反馈来做佐证，可以用某一具有代表性的客户的具体案例来做阐述等等。这些内容，其实说的都是一个“性价比高”，但是因为运用了不同的表达方式，客户并不会觉得啰唆。既做到了重复又不让客户觉得你是在重复，又能够达到增强客户对“性价比高”这一特点的记忆。

第二，只对重点内容进行重复。重复的内容是为了突出重点，如果对产品的任何特点都反复强调的话，反而会使得产品没有了突出的优点。所以，不要把时间和精力过多地浪费在一些无关紧要的内容上。要做到重点突出，目标明确。

第三，要观察客户的反应，适可而止。不同的客户性格不一，有的喜欢与人慢慢聊，销售人员说得越多越仔细他越高兴，因为他认为这样可以让他了解更多，能够帮助他更好地做出判断。对待这种客户，我们可以慢条丝理地与客户东拉西扯。

但是有的客户性子就比较急，如果三分钟没有听到重点，就失去了继续听下去的耐心。对待这种客户就不能再找出一大堆的例子来说明了，必须把重点内容先突出出来，即使重复也是简明扼要。

即使同一个客户，在不同的时间也会有不一样的心情。所以，我们在谈话时一定要学会察言观色，看客户是否对谈论的话题和对话方式感兴趣，及时做出相应的调整。

第四，做文字记录。与客户交谈时，最好要带着纸和笔，把重点的内容随时写在纸上，并做好标记，走的时候把纸留给客户，方便客户自己事后再慢慢看，对重点更明确。

第五，用提醒法来重复重点。见客户时，可以问客户：“上次我给您提到……您还记得吧？”我们的目的不是为了确定客户是否记得，而是通过这种方法把想要传达给客户的信息做一次重复提醒，用来加深客户的印象。即使客户本身是记得的，经此提醒，之前所说的内容也会在他的脑海里重复一遍。

“FABE”产品介绍法

猫和鱼的故事：

一只猫非常饿了，想大吃一顿。销售员走过来把一摞钱推到它的面前。猫没有任何反应。此时，这一摞钱只是一个属性。

一只猫非常饿了，想大吃一顿。销售员走过来把一摞钱推到它的面前。对它说：“猫先生，我这儿有一摞钱，可以买很多鱼。”可以买鱼是这些钱的作用。但是猫仍然没有动。

一只猫非常饿了，想大吃一顿。销售员走过来把一摞钱推到它的面前。对它说：“猫先生，我这儿有一摞钱，能买很多鱼，你就可以大吃一顿了。”可以解决猫的饥饿问题，这是钱能带来的利益。猫心动了，却没有立即行动，显然是在犹豫。

一只猫非常饿了，想大吃一顿。销售员走过来把一摞钱推到它的面前。对它说：“猫先生，我这儿有一摞钱，能买很多鱼，你就可以大吃一顿时了。你看，旁边的那只猫就是利用这样的钱吃到鱼的。”旁边的猫就是例证，这个时候就是完成了 FABE 的顺序，彻底打消了猫的顾虑。所以，话刚说完，猫就飞快地扑向了这摞钱。

在这个小故事里，最后一次情境中，销售员所采用的就是一个完整的“FABE”介绍法。

“FABE”是一种利益推销法，由美国奥克拉荷大学企业管理博士、台湾中兴大学商学院院长郭昆漠总结出来。由于FABE推销法具有非常明确、具体的步骤，操作性很强，而且能简单明了地解决客户最关心的问题，因此，成为营销中一大黄金推销法则。掌握了“FABE”产品介绍法，可以帮助我们在向客户推销时清晰条理，突出重点，增加成交的几率。

“FABE”产品介绍法包含四个环节。

F(Features)：即特征。它代表的是产品的特质、特性、用途等属性。每个产品都有自己所具备的特点，使得我们可以从品牌、产地、材质、颜色、工艺、用途等方面把它与其他物品区别开来。

例如，商场里，销售人员在向一位顾客推荐一件衣服。这是一件红色的双排扣长款翻领羊毛厚风衣。此时，红色（颜色）、单排扣（设计）、长款（长短）、翻领（设计）、羊毛（材料）、厚（厚薄）都是这件衣服的“F”，也就是特点。销售人员需要从这些特点中找出能适应客户需求的去做重点推介。

A(Advantages)：即优点。优点是从产品的特征中寻找发现的。换言之，也就是产品的那些特点（F）能发挥什么作用，与其他产品相比有何优势。仍然以那件衣服为例：红色——色泽鲜艳，突出；单排扣——有扣子，可扣扣；长款——遮风效果更好；翻领——可翻可立，双重选择；羊毛——用料好；厚——保暖好。可以看出，“A”都是对“F”的进一步阐述，是把“F”的作用更清晰地传达给客户。

B(Benefit)：好处。产品能带给客户的好处是客户最关心的问题。这时是需要根据不同的客户，不同的需求做出有针对性的讲解的。在买衣服的例子里，红色——显得客户皮肤白，更年轻，有朝气；单排扣、翻领——简单大方，给人一种干练的感觉，适合客户所从事的工作；长款——客户的膝盖有轻度关节炎，不宜受风，这款衣服正好可以保护膝盖；羊毛、厚——保暖效果好，里面只需穿一件打底衫就可以了，即使最冷的天也能够应付。

E（Evidence）：佐证。通过现场演示，出示证明文件，利用品牌效应，旁人成功案例等来印证刚才的一系列介绍，打消客户的疑虑。用来佐证的材料应该具有足够的客观性、权威性、可靠性、可证实性，这样才会更有说服力。比如衣服的成分标识、品牌授权书、产品合格证、其他顾客的成交记录等。

“FABE”是一个完整的流程，通常情况下应该按此流程对客户进行介绍，如果客户对某些特点已经很清楚了，则可以挑选客户感兴趣的地方做重点介绍，介绍时仍然要遵循“FABE”的介绍原则。

“FABE”产品介绍法不仅适用于向客户介绍自家产品的优势，也适用于拿来做与竞争对手的优劣势对比分析等。只不过此时所介绍的“B”是自家产品能带给客户好处，对方产品却不具备的优势，而提供的佐证也是自己成功案例和对方的失败案例。

简单的四个步骤，不仅向客户介绍了产品的特点、优势、能带给客户的利益，给了客户合作的理由，又提供了证明，解除客户的后顾之忧。基本解决了客户关于产品的所有问题。这一方法高度实用，把“FABE”的运用方法牢牢记在脑海里，融会贯通，我们所遇到的各种销售问题都可参照此类方法进行解决。

说破利弊让客户自己选择

佛曰：“不可说，不可说，一说即错。”佛的话也是有局限性的，并不是任合场合都适用。如果是销售人员，在与客户交谈时，把可能对客户不利的方面有意无意地隐瞒，那才是错。可能有些销售人员尚不能体会其中的道理，想当然地以为只有不被客户发现弊处，成交的机率才大。如果都说明白了，客户要么不满意，要么就会有了谈条件的借口，怎么想都是对自己不利的。

现实中确实存在这样的例子。但是，我们要从长远处想。在销售行业打拼，短期看的固然是业绩，长期看的却是人脉。隐瞒弊端，其实也是一种欺骗，必然会损害到客户的利益。客户或许一时不察，这一单成交了，但过后总会发现的，那么后面的合作还怎么继续？而且一旦给客户留下了不诚实的印象，令客户心存芥蒂，客户即使不说出来也不会再与一个不够诚实的人深交，那时损失的就是人脉。

杨先生在创业之前曾经在一家钢材批发公司做销售。因为没有经验和人脉，开始的时候，他的工作做得并不顺利，很长时间业务都没有什么起色，但他并没有灰心，依然很努力。功夫不负有心人，两个月后他终于成功签到人生的第一张订单，而且是上百万的大单。兴奋过后，杨先生开始着手处理该订单，但却突然发现，由于市场不景气，一天前公司为了提高销量对这批钢材做了降价，而最大的竞争对手则跟着打出了更低的价格。由于杨先生忙于和客户约见，没有及时看到这些通知。

经过深思熟虑，杨先生决定向客户说明情况，并主动请求向客户退还价款上的差额。他的这种以诚待人的做法深深感动了客户，客户并没有选择解除合同。杨先生虽然损失了眼前数目不小的提成，却收获了第一个忠诚的大客户。后来杨先生开了自己的公司，这位客户仍然坚定地同他继续合作。

杨先生是因为一开始并不知道产品已降价。所以说，从主观上讲并不是有意欺骗客户。而客户购买了产品，也是接受了这个价格的，货款两清时按照我们通常的理解就是这笔交易已经结束了。如果是一般人可能会就此算了，甚至还为能多挣到客户的钱而沾沾自喜。

但杨先生显然并不是这样认为的。一旦发现了问题，他就觉得客户并不知道他之前的不知情，可能还会以为他是有意卖贵的。如果客户一旦对他有了这种印象，那么就是给他的人格添上了污点，所以他一定要向客户说明。

杨先生的做法是很明智的，在把产品价格已下调并比别家的贵这一“弊”向客户表明后，获得了客户的谅解，而他自己虽然小有损失，却赢得了客户的信任和尊重，为以后的事业发展积累了人脉。

真诚往往会吸引同样真诚的人，而优良的人品最终会赢得广阔的人脉。有一句话说的是“道德常常能弥补智慧的缺陷，然而，智慧却永远填补不了道德的空白”。何况，世上没有最完美，只有最适合。所以，销售人员在与客户交谈中，不要怕暴露存在的不足之处。事实存在的，即使当时不说，事后客户也会发现，与其等到那时让客户大呼上当受骗，还不如一开始就坦承地把利弊分析给客户，由客户自己衡量得失，这样反而更能赢得客户的信任和尊重。

人生处处都是机缘，也处处都是考验。我们可以失去一单业务，却不能失了自己的人格。就像吉田在回顾自己的创业成功经验时说：“为人处事首先要诚信，以诚待人才会赢得别人的信任，否则一切都是无根之花，无本之木。”

积极介入帮助客户对某些明确利弊加以分析，让客户权衡出利大于弊，引起购买欲望。

第一，站在客户的立场分析利弊。结合客户的实际情况，设身处地地为客户着想，才能打动客户。

第二，利弊分析要客观、真实。既不夸大利益，也不故意淡化弊端。只把事实摆出来，并帮助客户做清晰的判断。

第三，说破而不重点突出。在对利弊做分析，尤其是在介绍不足之处时不需要着重地强调，过多地重复或者强调会加深客户对弊处的印象，淡化产品的优势，这对于销售人员绝对是不利的。

第四，把最后的决定权交给客户。当把利与弊都已经对客户剖析明白，最后就是由客户自己来做决定了。建立在真诚沟通基础上的交易才是稳固可靠的。

三分钟让客户听明白

有时我们在拜访客户时，客户的时间非常紧张，他可能只给了我们很少的时间进行沟通，在这种情况下，销售员之前所做的一些准备可能都会被打乱，产品细节的介绍、公司背景的介绍等不能够全面的展现在客户面前，这时我们就需要在最短的时间内让客户听明白我们拜访的重点。

很多没有经验的销售员都会遇到这样一种情况，本来已经做好了和客户充分沟通的准备，可是，在见到客户之后，客户突然给自己限定了时间，这样自己也不知道从何处下手，有的销售员索性眉毛胡子一把抓，东一榔头西一棒子，没有了语言表达中最起码的逻辑性，最终客户接受到的信息是混乱的。有的销售员为了能够在规定的时间内完成之前的准备，加快语速，说话跟绕口令似得，最后的结果往往是自己不知道说明白没有，首先客户没有听明白。

类似于这样的事情在销售中并不少见，有时候在与客户沟通的过程中，客户忽然接到电话说要离开，这时也会打乱我们的计划，如何解决这个问题关系着我们此次与客户沟通效率的高低，这时如果我们要求客户再给我们最后的三分钟，客户一般都会同意，所以，只要我们能够抓住最后的三分钟就能够达到我们的目的。

阿军是开元服装厂的一个业务员，由于进入销售这个行业并不是很久，所以对销售中的各个环节都比较陌生，属于摸着石头过河的那种。他喜欢上网，每天下班最少要在网上泡一个小时。

这天，阿军在浏览网页时发现某网站上有两个采购商发出的求购业务，而且都在本市，他马上记录了联系方式，准备第二天去拜访，回到宿舍之后他还做了充分的拜访准备。

第二天，阿军和客户通过电话约好时间后就开始行动了，走在路上他还在盘算着如何表达自己，心想，自己这样充分的准备，一定可以拿下客户的，想着想着就来到了第一个客户的公司，见到客户后，客户满脸歉意地说：

“实在不好意思，工商局的领导突然检查工作，我只能给你三分钟会谈的时间，希望你能够理解。”

阿军听到这话之后很是不知所措，之前所准备的一切一下子在脑海中乱了套，不知道从何说起，在接下来的三分钟里，阿军也不知道自己说了些什么，一会儿客户带着歉意的目光离开了办公室。

接着阿军去拜访第二个客户，这位客户非常的客气，在进行了简短的寒暄之后，阿军准备开始介绍自己的产品及公司，突然客户的电话响了。客户接完电话笑着说：“真不好意思，家里有事我得赶快回去，这样，也不能让你白来，你做个简短的介绍吧，但是要快啊！”

有了第一次的经验，阿军并没有那么的慌张了，首先阿军用简短的语言介绍了产品性能，然后简洁表达了能为客户带来的好处，最后留了一份公司的背景简介，整个时间 2 分钟左右，客户听了阿军的表述后说：

“你说得非常好，产品我也有了大致的了解，我看一下你们公司的资料，明天再和你联系吧！”

第二天，阿军接到了第二个客户的电话，邀请其进行一次详谈，而第一个客户却杳无音信。

在这个案例中，阿军很不幸遇到了两个赶时间的客户，对于没有销售经验的他要处理这样的问题，确实也是一个难题。在面对第一个客户的时间限制时，他明显有点紧张，在表达的过程中抓不住重点，在很短的三分钟时间内客户根本没有听明白阿军所表达的意思。

在面对第二个客户时，虽然对方要求在很短的时间内进行产品的介绍，首先阿军的情绪是稳定的，这样就保证了他思路的清晰。其次，用简洁有力的语言对产品进行介绍及对客户优势的陈述，既节约时间又观点明确。最后，他给客户留下了一份公司简介，没有进行表述，这样就节省了一部分时间。

拜访客户时，在遇到突发情况下，我们不得不快速清楚的将自己的来意传递给客户，并且还需让客户明白我们所表达的意思，这一点是每一个销售人员都应该具备的，那么，我们怎么样才能够做到这一点呢？

第一，精简程序。我们知道，一个完整的拜访客户过程需要很多的程序，而这时，我们需要精简程序，挑出重点与客户进行沟通，比如产品的特性、客户的需求等，呈现给客户的应该是客户最需要的部分。

第二，忌用寒暄、拍马屁之类的词语，开门见山、直进主题，比如：“我们产品的主要性能有……”“他能够解决您……问题”等。

第三，用词准确，逻辑性要强。很多销售员为了抢时间，语速过快，在语言表达上缺乏逻辑性，这是客户沟通中最忌讳的缺点。所讲的每一句话、每一个词都应该能够在客户的心中起到一定的作用。

第十一章

沟通原则——把握重点，话半功倍

沟通的基础是双赢

在销售过程中，我们与客户接触的目的是销售，而这一目的是否能够达成，则全在于中间的交流和沟通。

沟通的过程其实是一种信息分享的过程。比如我们要向客户推销某一产品，那必然要把该产品的特点、优势以及公司的实力背景、产品支持等信息传达给客户。使客户在此基础上，才能结合自身需求做出是否可以成交的判断。所以说，沟通在销售过程中往往起着决定性的作用。而沟通的基础则是可以实现双赢。

“双赢”是英文“win-win”的中文翻译，体现了中国“和合”的传统思想与西方市场竞争理念的结合。在营销中，双赢其实是相对而言的，是对客户和销售人员双方利益的兼顾，便“赢者不全赢，输者不全输”。通俗地理解就是大家都有钱赚，在利益竞争中实现双方的协作共存。

哈姆是一个西班牙人，他从小就喜欢制作糕点。后来，怀揣着对美国遍地黄金的美好梦想，哈姆跟随着移民浪潮来到了美国寻求发展。然而现实并没有特别眷顾哈姆，他的糕点生意与之前相比并没有多大好转。

直到1904年的夏天，美国在路易斯安那举办世界博览会。哈姆觉得那是一个机会，便带着他的糕点生意来到了会展所在地，并在会场外寻到了出售摊位。然而，因为天气炎热，人们对哈姆出售的薄饼并没有多大兴趣，哈姆的生意显得很冷清。与之相反的则是相邻摊位的冰激淋生意火爆，很快摊主所带的冰激淋碟子就用光了。

好心的哈姆突发奇想，把自己的薄饼卷成了锥形，给卖冰激淋的商贩用来盛放冰激淋。得益于哈姆的帮助，冰激淋商贩能够继续出售他的冰激淋了，为了不让哈姆太吃亏，后来便买下了哈姆所有的薄饼。这种锥形的冰激淋不仅成为了那次世界博览会上“最受欢迎的产品”，而且迅速传播开来，后来发展成为如今的蛋卷冰激淋，成为风靡世界的美食。

哈姆或许一开始并没有抱着向冰激淋商贩销售他的薄饼的目的，但是结果却是，不仅使冰激淋商贩获益，也销售出了自己的产品，实现了双方的共赢。而冰激淋商贩之所以能够接受哈姆的建议，用薄饼盛放冰激淋，正是因为哈姆的薄饼恰好能够解决他的燃眉之急，能够为他带来确切的好处。试想，如果哈姆所出售的物品不能代替冰激淋碟子，他的建议还会被冰激淋商贩采纳吗？在没有利益为饵的前提下，沟通很难进行下去，更不要说后来让冰激淋商贩花钱买下他的商品了。

在销售过程中，业务人员的出发点往往是能从客户身上得到什么，而客户的着眼点则是你的产品能够给他带来什么好处。如果和客户谈了半天，却让客户觉得与你合作对他的影响并不大，利益不明确而且还要承担未知的风险，这样的合作又有谁会愿意进行下去呢？

而在沟通时，如果目光不够长远，过于急功近利，思考问题过多地立足于自身或公司的利益，总是绞尽脑汁想要从客户身上得到最大的好处，这样的结果必然会对客户的利益有所忽视，造成客户利益的损伤。而这种损伤如果让客户感觉到不舒服或超出了他的承受底限，那么沟通就会陷入僵局。最后的结果无非就是合作失败或者一方做出让步，而让步的一方通常会是作为利益获得较大的一方。而这两种结果都不是我们想要的。

更为严重的是，人常常会有这种心理，如果让他觉得你占了较大的便宜，那么在心理上就会给你打上“不诚实”的标签，即使后来做出再大的让步，甚至已经超出底线了，他仍然会觉得你有所保留。这样的隐患对于双方后期的合作显然是不利的。

那么如何把握好沟通的基础，打造双赢的营销局面呢？

第一，对自身和公司利益界限有清晰的认知。对客户承诺了种种好处，结果回到公司一核算超出了预支，公司不予支持，为了不流失客户，销售人员甚至会选择自掏腰包来填补空缺，这样的例子并不少见。这显然不是我们所追求的“双赢”。所以，公司能够给到客户什么样的优惠力度和方案支持一定要清楚。

第二，对客户的实际情况要作出合理的预估。如果不能为客户带来利益或者客户承担的投资风险远高于其可能的收益，合作只能满足公司和个人单方面的利益，那么必然不能实现“双赢”。

第三，“双赢”是通过双方协商来达成互惠互利的。在协商沟通过程中既不是分毫不能相让，也不是无限度地任人索取。在这里要有一个弹性空间，既保证销售人员和公司的利益，也能够使客户感受到最大的诚意，最终使双方都满意。

先了解，再沟通

了解是沟通的前提。如果对客户一无所知，那么沟通就会无从下手，对切入点的选择也会把握不到位，常常会事倍而功半。所以，销售人员一定要先了解，再沟通，做好前期的铺垫工作。

了解要从哪些方面进行呢?

第一，要了解己方。

1. 了解公司和产品。

每个销售人员进入到公司都会被要求学习公司的企业文化、实力背景、产品特点、销售话术等，而且会有专门的培训，甚至培训考核成绩直接与工资挂钩。现代人对网络信息的过度依赖，使我们对依靠大脑记忆产生了某种程度的排斥，觉得能上网查到的就不需要用脑子记。所以，对公司的培训考核也不以为然。事实却并非如此。

有一个真实的案例，发生在某知名保险公司一名普通的员工小王身上。该公司的培训机制是相对比较建全的。从员工入公司前的口才面试到入司后的成长培训，每天的晨会，产品说明会，客户答谢会等，每天都有相应的培训，可以说是把会议营销做到了相当高的境界。

小王刚入司不久，身边也没有什么可利用的客户资源，但是勤奋好学的良好习惯，使他一直努力按照公司的要求去做。这天，公司做了新产品的宣导和学习。会议结束已经到了中午，但是小王觉得自己还没有完全记住需要掌握的知识，就带着资料到了饭馆，一边等待，一边认真地轻声背诵着。

这时，外面进来一个中年人，见小王对面有空位便坐下了。见小王认真的模样，中年人听了一会儿，便问他在背什么？小王回答说在背公司的产品知识。中年人便说，你背给我听听吧。小王并没有多想，真的给他背了一遍。中年人听完递给他一张名片，让他第二天和他电话联系。

经过两三次的接触，小王最终顺利地签下了这张高达几百万保费的单子，成为公司里的一个经典案例。

小王的例子虽然只是偶然，我们不大可能从头到尾地把那些产品知识之类的一一背诵给客户听，但是经过加强记忆的信息无形中就会存在于脑海深处，当与客户沟通时，不自觉的就会化成自己的言语，既能很好地传达给客户，又能显得很专业。

2. 了解目标客户人群。把客户分出 ABCD 几类，哪些客户容易接近，哪些需要跟进，哪些可以往后放一放等等，可以很大程度地节省时间和精力，合理安排出拜访计划，提高工作效率。

3. 了解可利用的资源。包括可申请到的礼品、样品、折扣、运转资金，以及可以利用的人际关系等。通过客户认识的人去联络客户，或在向客户介绍自己时，适当地提到对方的熟人，可以降低客户的防备心理，增加客户的信任度，给自己争取到更多的沟通机会。

4. 了解自己的优点和不足。了解自己可以扬长避短，充分发挥自己的优势，尽力避开不足之处，把自己优秀的一面留给客户，增加对方的好感。

第二，要了解对方。

1. 了解客户的基本信息。客户的基本信息包括客户的姓名、性别、年龄、籍贯、家庭组成、经营内容、资金实力、关系网等。

2. 了解客户的背景实力。客户的背景实力可以帮助我们制定适合对方的营销方案。

3. 了解客户的性格特点。不同性格的客户，需要我们采用不同的沟通方式和促成技巧。这一点我们在前面曾经详细地讲述，不再赘述。

4. 了解客户的需求。客户的需求才是能从根本上打动客户的利器。不知客户的需求就很难把握沟通的重点，可能东拉西扯地说了很多，但始终无法触动客户。这是因为你没有说到他的心坎儿上。

5. 了解客户的喜好。通过客户的喜好来接近客户，拉近彼此的心理距离，属于一种侧面进攻的营销策略。人常说“酒逢知己千杯少，话不投机半句多”，拥有共同的爱好，相似的见解，客户更愿意畅所欲言，把自己的真实想法告诉给你。

营销过程就像是一场看不见硝烟的战争，只有知己知彼，才能百战百胜。做好准备工作，再去和客户进行沟通，方能事半功倍。即使是面对陌生客户，充分的准备工作，也会让我们能够在短时间内为客户归类，迅速判断出适合的沟通方式，并在接触过程中做有心人，在交谈中不动声色地收集和完善客户资料，为成功推销增加更多的机会。

换位说话，才能赢得客户认可

销售人员都希望能够清楚地了解客户的心理，以便当客户提出问题时，自己做出最恰当的应对。但是往往经验不足，也没有可借鉴的成功案例，那要怎么做呢？有一个方法可以弥补这方面的欠缺，那就是学会换位思考。

换位思考是把自己假定为对方，站在对方的立场上，用对方的思维方式设身处地地做出场景模拟，对可能发生的各种情况做出预演。换位思考可以帮助我们更全面地思考问题，因为事先做出了预估，对真实发生的情况就会多一份心理准备，不致于一遇到问题就不知所措。

换位说话是换位思考在言语交谈中的具体体现。在销售过程中，换位说话就是要求销售人员在与客户沟通时，言语中要表现出是站在对方的立场上，是在为对方考虑。一个人会不会说话，能不能赢得客户的好感，有时候也取决于这个人会不会运用换位思考的方法与客户进行交谈。

换位说话一定要在交谈时顾及对方的感受。

一位年轻的妻子正在厨房里炒菜。

她的丈夫却在旁边不停地唠叨："慢些、小心！赶快把鱼翻过来，油放得太多了！"

妻子终于忍受不了丈夫的聒噪，冲他喊道："我知道该怎么炒菜！"

丈夫此时却平静地说："我知道你会炒菜，亲爱的。我只是想要让你明白，当我在开车的时候，你在一边喋喋不休，我是怎样的感受。”

“己所不欲，勿施于人”，当与客户交谈之前，先要对交谈的大致内容和交谈方式做一下梳理。假定自己是客户，如果有销售人员这样来跟自己商谈，自己能否接受？如果事先并不了解客户的情况，那么也要有心理准备，可以按照自己的风格和客户进行接触，然后通过察言观色，看是否有令对方不满意的地方，及时做出调整。

小赵以前的工作多是与男士打交道。男人之间说话一般会比较随意，好像这样才能显现出男人的豪爽，不拘小节。小赵最开始也是客客气气的，但是和一群男人在一起交谈时明显感觉到自己不合群，会被排斥。大家和他说话也不像与别人一样无所顾忌。时间长了，小赵受到环境的影响，也学会“男人”的说话方式。这样果然与客户更容易接近。

后来，小赵换了工作，渐渐发现自己与客户交流时没有以前那么得心应手了，不经意间听到客户的反馈，还对自己挺有意见。小赵一直觉得莫名其妙，直到领导找到他进行了一次谈话。

小赵仔细回想起来，原来那天有位顾客带着孩子来到店里，为了哄孩子玩儿，小赵捉了一只虫子给他。顾客当时说：“这多脏啊！”小赵觉得玩虫子并没有什么，就回了客户：“这有什么脏的？以前我们小时候在农村还不是经常捉虫子玩儿！”顾客没再说什么，小赵也没有在意，却没想到给客户留下了不好的印象。

这一件事让小赵意识到，他现在所从事的工作接触到的年轻妈妈比较多，男人和女人看待事情往往有很大的差异。比如这位妈妈觉得“很脏”的虫子在男人尤其是出身农村的男人看来或许反而会有一种亲切感。事物本身并无所谓好坏，只是不同的人所站的立场不同，看待问题的角度也不同，也就会得出不同的结论。

明白了自己的问题所在，小赵及时调整自己的说话方式，改掉以前养成的大大咧咧、说话随便、爱用口头禅的毛病，适应女性的思维方式和习惯，很快赢得了顾客的好感。

换位说话，想人之所想，言人之所欲言，投客户之所好，增加客户的信任度。其中有一些小技巧可以更好地帮助我们：

第一，在提到自己和客户时多用"我们……""咱们……"这样的词语，给客户以"自己人"的体会。而在介绍公司或产品时则只需要说名字即可。如果张口闭口就是"我们公司……""我们的产品……"这就是在言语中把自己放到了客户的对立面，无形中双方就变成了谈判、较量、争夺利益的关系。

第二，让客户感受到对他的特别之处。比如说："跟别人谈，我都是按公司正常的折扣走的，对您，就冲着您和 ×× 的关系，咱们是自己人，怎么也不能让您吃亏……""跟您一接触，我感觉您人特别真诚，值得交，哪怕不谈生意我也要交你这个朋友。"

第三，让客户感觉到他的重要以及对双方长期合作的期待。比如说："这次不挣您的钱，以后您可得多照顾着点兄弟的生意，多给兄弟介绍几个客户……"虽然不会真的全都靠这一个客户的帮助，但有这样的话语就能体现出客户的价值，让客户觉得他是能带给你帮助的人，有一种优越感。

第四，多用赞美的言语。好听话人都喜欢听，真诚的赞美适用于任何人。

话语不伤及客户面子

中国有句俗语说的是：“人活一张脸，树活一张皮”，这里的“脸”指的就是“脸面”，通俗地说，也就是“面子”。树没有了皮就无法存活，把面子的重要性与树皮对树的重要性放在同等的位置上，从这句俗话里，我们也能够看出中国人对“面子”的重视程度。

“面子”一词并没有能得到大家一致认可的明确定义。有的人把它与人的社会地位及所取得的成就画等号，有的人则把它认为是人的尊严，而有的人则认为面子是一种抽象的不可捉摸的自我意识等等。

虽然说不清楚，但是在实际的人际交往中，面子问题是不可回避的重要内容。而且，爱面子早已是中国人的一种交际文化，有些人把面子看得甚至比生命还重要，认为“头可断，血可流，面子不能丢”。若是让他觉得没了面子，那么接下来的话题就不必再继续了。

我们之所以如此看重面子，是因为给不给面子，给多大面子往往可以反映出一个人对自己是否接纳以及接纳的程度。有了面子，就相当于受到了重视，有了尊严。所以，在与客户沟通时，一定要注意不要伤及客户的面子。

第一，语言要温和。与客户交谈时，一定要话语温和，让客户觉得舒服。说话过急或声调突然拔高，则会让客户感觉到说话“太冲”，对客户不够尊重，当然是不够给他面子的表现。

第二，避免在他人面前与客户发生争执。在人前与客户发生争执是营销中的大忌。不管争执的事情是大是小，在人前争执都是一种失礼的行为，是不给客户面子。所以，能够私下里沟通的事情，就不要急着在人前做决定。

在有争议，双方一时都无法做出让步时，可以把有争议的先放到一边，把双方能够达成共识的地方先谈好。如此做一是可以节省时间，不至于因为一个点而把所有的事情都耽误下。二是能给双方一个缓和的时间，使彼此都能够冷静地思考问题，衡量得失，也能够在对对方的条件有所心理准备的情况下做出相应的调整，寻找更合适的解决方案，不致于一下子限入僵局。

而更为重要的是，无论双方在私下里如何进行利益的分解，只要最终达成了共识，在人前就是一种双赢的局面，双方都不失面子。

第三，不能直接指出客户的过失。当过错确实在客户一方时，也不应直截了当地指出来。“直言不讳”并不适用于交际场合，尤其是与客户的关系并不熟络的情况下。这时应该先肯定再提出疑问，让客户自己意识到错误，主动改变之前的意见。

琳琳接到公司领导的安排，去解决一场与客户之间的纷争。原因是客户觉得他们这批货物的质量与之前的不一样，以次充好。琳琳接到这一任务时，马上进行了详细地了解，发现公司仓库确实是按照订单要求发的，自己这一方并没有过错。再查询客户的订货记录，发现客户之前所订的货物都是A款，这一次却是B款，两种确实不是一个档次。只是因为是外文，两个名字很相似。

知道了大致情况后，琳琳如约来到了客户店里。

客户看到她，脸色很不好。说跟她们公司也不是合作一次两次了，现在竟然发次品给她，没有诚意，告诉琳琳不仅要退产品还要公司做出赔偿，否则就不再合作了。

琳琳并没有直接指出问题出在客户身上，而是先附和客户，说大家合作一直都很愉快，这次可能是因为两种产品名字和外形很相似，仓库的师傅有所疏忽，把A款的货物发成B款了。如果确实如此，一定会给出令客户满意的解决办法。

客户看她态度很好，态度也缓和下来。所以，等到琳琳提出看订货单时，客户也爽快地答应了。拿到单子后，琳琳轻轻地念了出来，等客户听到订货单中出现问题的那样产品确实是B款，也是一愣。接过去一看，又跟价目表上的产品名字仔细核对了一遍，才明白是订单打错了。

原来是自己这边的疏忽！客户一下子不好意思起来。琳琳忙解释，说也是公司这边没有及时给客户打电话核对，不然也不会出现这种情况。保留了客户的面子，令客户很满意。最终客户并没有调货，而是重新加了订单。

第四，尊重客户的决定。做销售，碰壁的时候很多，不管客户最终的决定是否符合自己的预期，都不要表露出对客户的不满，更不能因为合作失败而抵毁客户。与人的每一次打交道，都是一种经历和人生体会，是我们的经验和财富。所以，无论怎样都要心存感激，尊重他人就是尊重自己。

受时代的影响，在这个浮躁的社会里，人人都很“任性”，常常“一言不和”就“一拍两散”。“面子”是人际关系的调和剂，在不损害公司和个人利益的情况下，给足客户面子，莫要因为一时言语的冲动或不恰当而伤及客户的颜面。

优势辩证沟通法

有三个人住在同一个地方。有一天早上，天气阴沉，可能会下雨。三个人都要出门。他们在门口遇见了，一个人带了一把雨伞，另一个人拿了一根拐杖，第三个人则是两手空空，什么都没有带。

天果然下了雨。到了晚上的时候，三个人回来又在门口遇到了。结果发现带了雨伞的那个人，身上仍然淋湿了，带了拐杖的那个则跌得身上都是泥巴。反而是什么都没带的人衣服既不是很湿，也没有跌得都是泥。

前两个人很是不解，问第三个人：“明明我们都采取了防范措施却为什么没有用呢？带了雨伞的被淋湿，带了拐杖的摔了跤，反而是你这两手空空的没有什么事儿。这是什么道理呢？”

第三个人笑着说："带了雨伞的人以为有雨伞保护所以就放心地在雨中行走，自然会被雨水淋到。带了拐杖的人以为有了拐杖就不会摔倒，遇到泥泞的地方也大胆地前行，所以才会摔跤。而我，因为没有这两样东西，下雨的时候我就躲在雨淋不到的地方，路滑的时候也小心地避开，所以才既没有被淋湿也没有摔跤。"

优势和劣势只是相对而言的，通常认定的优势放到一定的情境中反而有可能变成阻碍。

在营销中也是如此。不管是业务人员还是客户，双方所占有的优势，如果拿到具体的情境下，虽然不一定会成为劣势，但重要性肯定会有所不同。而客户很可能意识不到或有意忽视这一点，这时就需要业务人员通过分析，把客户认为他所具备的优势化解掉。这就是优势辩证法沟通。客户失去依仗，在谈判时才能够做出更多的让步。

运用优势辩证法，可以从以下几个方面入手。

第一，让客户认识到优劣势的相对性。

美国总统林肯有一个经典的小故事。

有一天，一位官员对林肯抱怨，说他不认可林肯对政敌的态度。他认为既然是政敌，自然处于敌对的立场，林肯怎么会试图和他们做朋友呢？应该想办法打击他们，消灭他们才对。

林肯却温和地反问道："当我把他们变成我的朋友时，难道不也是在消灭我的敌人吗？"

林肯是智慧的，他常常能够看到事物的另一面。这个故事讲的就是事物的相对性。敌我本是对立的，但是这只是当他们政见不一致的情况下。如果林肯通过自身的努力，使对方接纳他的观点，那么他不仅多了朋友，同时也少了政敌，完全可以化劣势为优势。

所以，表面上看起来的优劣并不是一成不变的，在某些情况下优势可以变成劣势，劣势也能够变成优势。

第二，变客户的优势为劣势。

比如说，客户认为合作厂家可以有很多，不一定非要选择你这一家。以此为筹码来要求公司作出让步。在客户的眼里，选择多是他的优势。不与这家合作还可以与其他家合作，所以这笔生意成不成对他的影响并不大。

如果跟着客户的思维走，那么就会认为他说的有道理。客户可以去寻找别的公司，而失去了这一个客户，对公司就是一笔损失。如果陷入这种思维模式，那注定会被客户牵着走了。

此时，应该告诉给客户，虽然合作公司可以有很多，但真正适合他的并没有太多，而目前自己公司才是最理想的一个。这时要讲出自己公司和产品的特点，能带给客户的其他商家无法给予的利益和支持，如果失去了这次合作机会，会对客户造成哪些损失。以己之长攻彼之短。

第三，变自身的劣势为优势。

通常会被客户认为是劣势的方面有：.

1. 公司或品牌知名度不高。在开拓新市场的时候常常会遇到这样的问题。此时就应该拿产品特色和优惠力度来打动客户。进驻较久的公司都已经拥有成熟的市场运营机制，利润也大多透明，可操作的空间会小很多。而新入驻的公司或品牌为了打开市场，必然会给客户更多的政策支持，这都是实实在在的利益。

2. 产品不够有特色。此时可以说，虽然产品确实没有突出的创意，但是很大众化，符合普通消费者的审美观念，而且与之前所接触过的类似商品差异不大，消费者接受起来也比较容易。客户不需要花费太多的时间去做宣传推销。

3. 利润太薄。“薄利多销”，这是一笔账，要看怎么算。单个算起来确实利润低，但是结合所能走的量，累积起来就会积少成多，并不比别的产品差。

4. 支持太少。此时可以结合客户的投资和运营成本来谈。有些公司虽然提供了很多支持，但需要客户投入大量的时间、金钱和人力进行操作，这些隐形的投入其实已经远远超过了所得到的支持。而自家的产品虽然支持不如别人家，但省时省力，运营简单，相对更节省。

针对客户的其他问题，也都可以参照以上的方法进行应对。在营销过程中，根据当时的客观环境才能评判双方的优势和劣势。利用事物的相对性，巧妙化解掉客户的优势，转化己方劣势为优势，把谈判的主动权牢牢掌握在自己手里。

保留底牌，不要将话说尽

沟通需要真诚，需要向客户传达必要的信息，但却不代表应当过多地暴露自己的底牌。在与客户的斗智斗勇中适当地有所保留，才能给双方留下更多回旋的余地。我们可能会遇到很多次的失败，哪怕只是跟一个客户打交道，也可能会遇到许多的问题，但只要没有把话说尽，就是为双方留下了一丝机会，说不定遇到什么机缘时便能赢来转机。

A和B是同一家公司的两名销售人员。A是个做事很认真的人，工作也很勤奋努力，只是有时候做事比较死板，不大懂得变通。但是因为细心谨慎，工作中很少出现失误，在公司的时间也比较长了，所以领导还是挺看重她的。

B则是一个整天嘻嘻哈哈的男孩子，年龄虽然不大，但是很会说话，不管是跟公司同事还是跟客户都相处得很好，是公司里的新秀。只是经验毕竟还不够，对公司和市场情况还不是很熟悉，领导难免对他有些不放心。

这一次遇到了一个大客户，而之前对对方并不了解，为了慎重起见，领导决定派经验更为丰富的A前去。果然是一个比较难缠的客户，好在经过多次的协商沟通，虽然客户提出了很多问题，但A都一一解决了。甚至为了拿下这个客户，A不惜把价格降到了最低。本来是十拿九稳的，谁想却在签约的最后关头出了问题。

A怒气冲冲地回到公司，说这个客户根本就没有合作的诚意，已经给了她最大的优惠了，竟然还提出额外配送一组价值数千元的产品，被她一口回绝了，单子自然没有签成。A说大不了不要这个客户就是了。跟这样的人打交道有一次妥协，她以后更会得寸进尺……

领导也知道客户的要求有些过分，根据公司的成本核算确实不可能再做出配送。但是本着多一个朋友总比多一个敌人强的想法，还是决定把B派过去看看是否能够挽回。至少让双方的关系缓和一下。如今闹得太僵，客户如果对其他人到处宣扬公司的不好，那对公司造成的损失是无法估计的。

B与客户接触后，为了减少客户的抵触情绪，并没有说明自己和A是同一个部门的，而是让对方觉得他是以陌生拜访的方式随机找到客户的。客户

对公司的产品还是比较满意的，只是最后同样提出了额外配送的问题。B并没有直接回绝，而是对客户说，公司给的已经是价格底线了。但是既然客户提出来了，他会回公司尽力为客户申请，至于能不能申请下来并不敢保证。能申请下来更好，不能申请下来也请客户多多体谅。

B回到公司后并没有向领导提出申请，因为他也知道根本不可能申请下来。这个客户公司其实已经有意放弃了。第二天B又去见客户。很抱歉地对客户说，自己已经尽力了，确实申请不下来。为了表示歉意，给孩子买了个小礼物。

客户其实对结果也是心里有数的，所以并没有再过多纠缠，见B自掏腰包给孩子买礼物，反而有些不好意思了。最后签完单的时候，客户对B说，以前也接触过一个人（其实也就是A），同样的产品和方案，本来也谈得差不多了，只是最后问A要点额外配送，她竟然直接说不可能，弄得她心里很不舒服，就没和她签。

在这个案例中，A其实犯了两个错误，第一个是把自己的底牌都暴露了出去。为了签单，把价钱降到了最低，导致最后客户再提出要求时，根本无法满足。如果之前能够有所保留，也不至于如此被动。第二是说话太绝，把话说得没有商量的余地。可能也是因为之前客户的问题太多，使她本来心里就存了厌烦的情绪，所以当客户再次提出不合理要求时，一时失去了理智。

对于第一个错误，已经是无可挽回的了，因为客户已经从A那里知道了公司的底线，所以最后B不可能开出更高的价格。但是对于A的第二个错误，B却做了很好的补救。虽然同样是没有给客户额外配送，但是却让客户知道他已经尽力去争取了。还用一个小玩具让客户感受到了他的诚意。所以，客户也做出了让步，使交易顺利完成。甚至可以说，客户所提出的要求只是一种最后的试探，看A是否还有所保留，并非一定要坚持。A没有意识到这一点，以致错失了客户。看似在口角上占了便宜，却失去了一场交易，孰轻孰重不言自明。